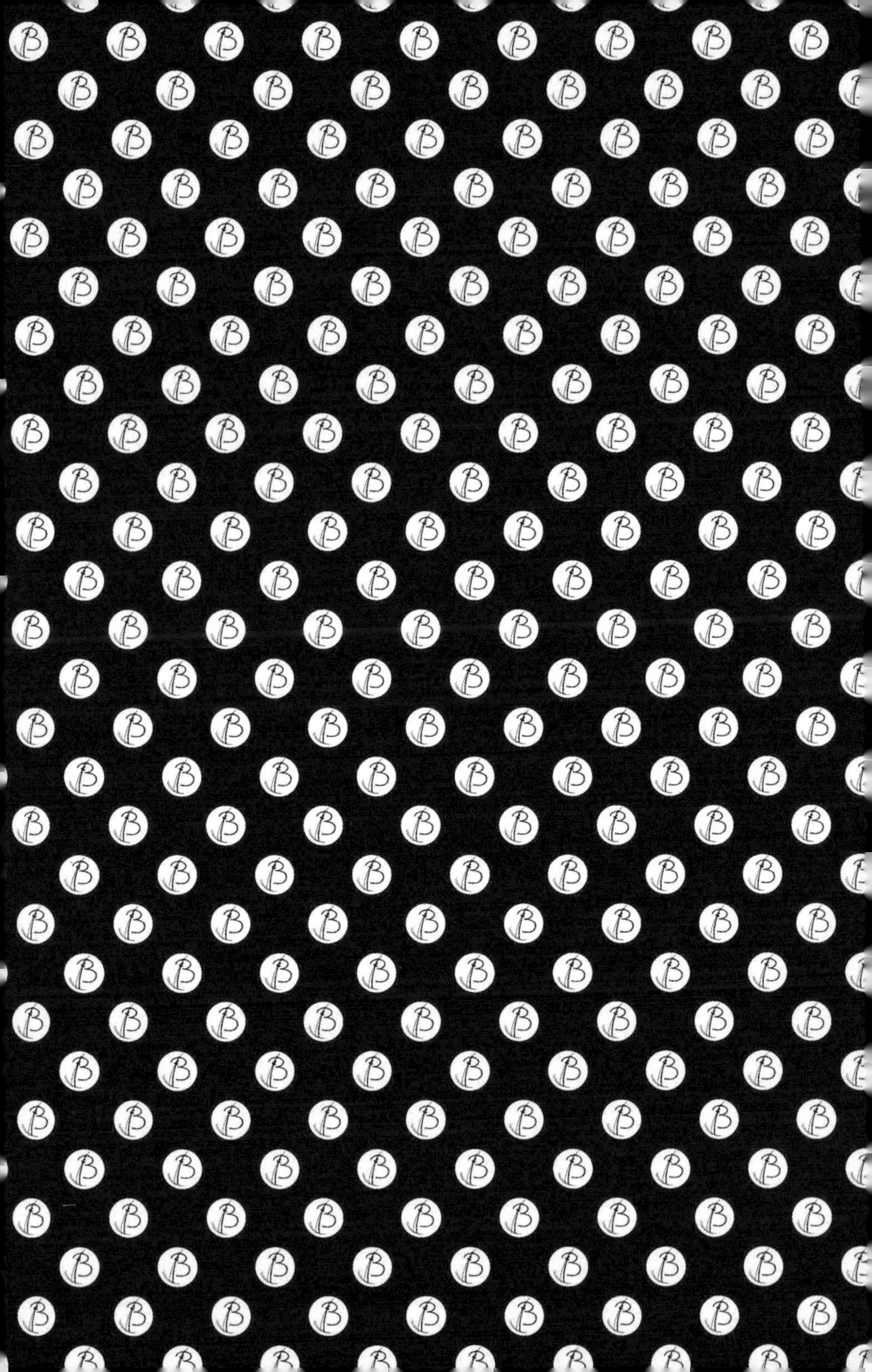

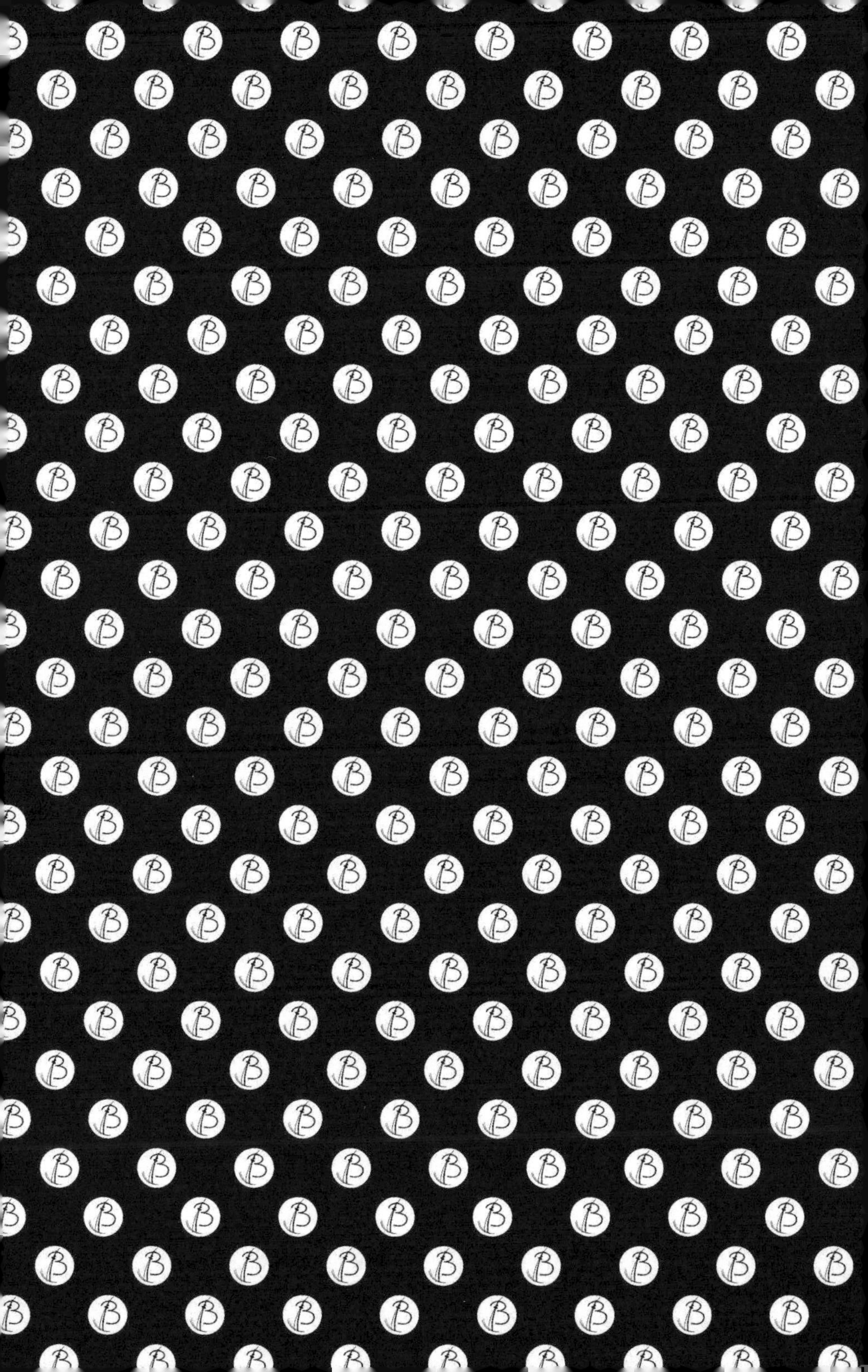

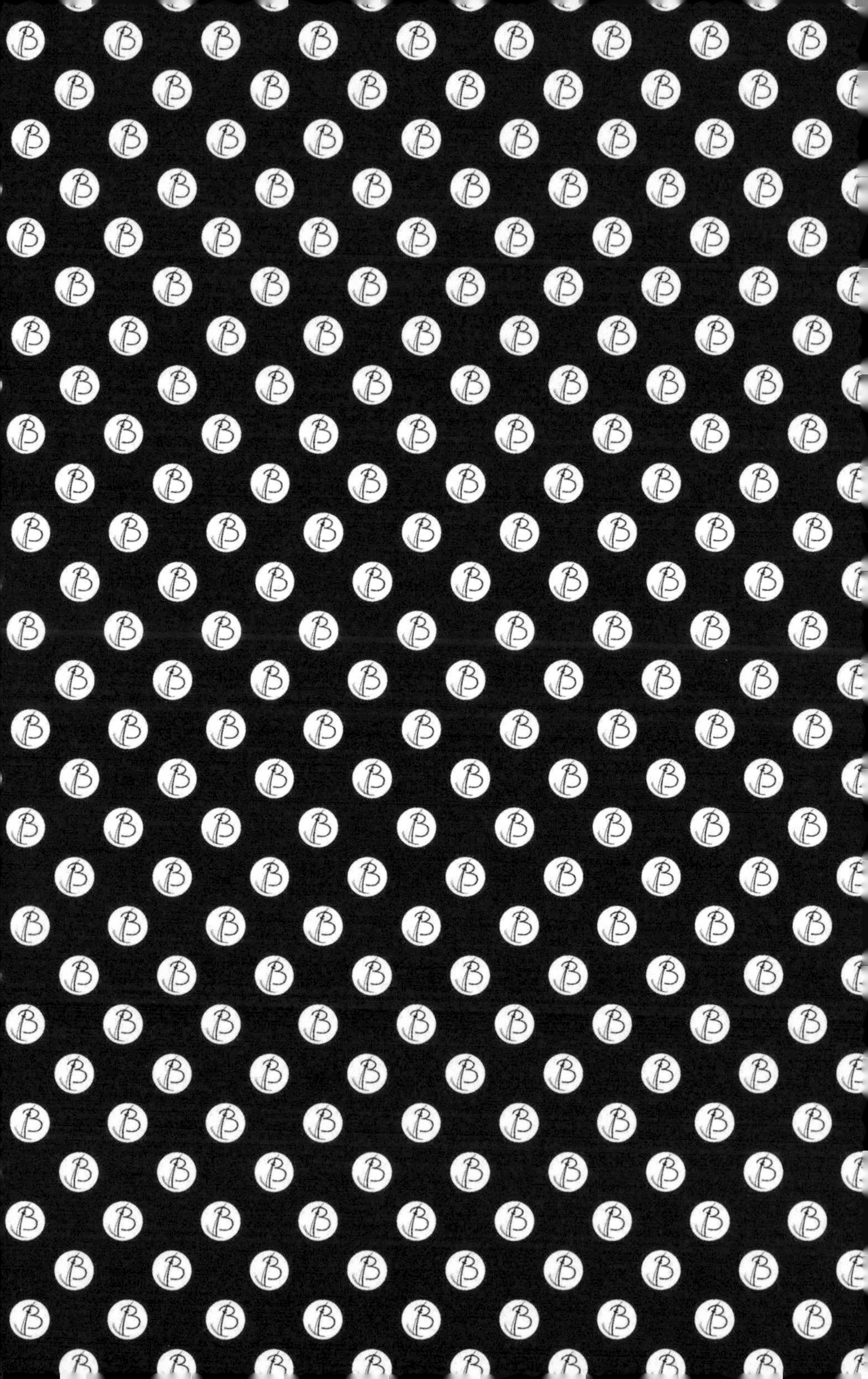

Joan Julibert

El poder de la mentira

Traducción de
Alberto Haller

Barlin Libros
Pensamiento al margen

Primera edición: febrero 2025

Título original:
El poder de la mentida

Dirección editorial:
Alberto Haller

Publicado por:
Barlin Libros
C/ Doctor Zamenhof, 27
46008, València

Thema: JBCT
ISBN: 978-84-128892-5-3
Depósito legal: V-316-2025

editorial@barlinlibros.org
www.barlinlibros.org

Impreso en España

La traducción de esta obra ha recibido una ayuda del Ministerio de Cultura, a través de la Dirección General del Libro, del Cómic y de la Lectura

Tabla

A TODOS NOS CRECE LA NARIZ

Pinocho, el personaje creado por Carlo Collodi en 1882, personifica una de las mayores alegorías sobre las virtudes y los valores humanos. La marioneta de madera que cobra vida es una enorme metáfora sobre nuestras debilidades y sobre todo lo que tendría que ser ejemplar: el honor y la verdad. Lo que nos ha quedado es el hallazgo mítico que hace el autor: el crecimiento de la nariz de la figurita siempre que miente.

Hay una característica de nuestro cuerpo que, trasladada al mito italiano, no nos deja en muy buen lugar. La nariz, junto con las orejas, es la única protuberancia que no para de crecernos a lo largo de la vida. ¿Puede que sea porque la capacidad de mentir es también una de las características más arraigadas de nuestra existencia? ¿Es esto lo que quería decirnos Collodi?

Según varios estudios psicológicos sobre la materia, comenzamos a mentir a partir de los dos años. Sí: solo necesitamos veinticuatro meses para iniciarnos en el intento de sacar ventaja a los otros desdibujando la realidad.

Existen investigaciones, sobre todo de universidades norteamericanas, que se han interrogado sobre el mecanismo que activa la mentira, entendida como la distancia existente entre lo que decimos y la realidad. Según estos estudios, los niños, en efecto, desarrollan esta capacidad a partir de los dos años, y lo hacen para encubrir conductas cuyas consecuencias, están convencidos, conllevarán una reprimenda. Los padres y las madres saben de qué hablamos. Hagamos referencia a la típica escena familiar en que la criatura coge un dulce, cosa que tiene prohibida de forma explícita, y se embadurna manos y boca al comérselo. Cuando los progenitores descubren al pequeño y le preguntan qué se le ha pasado por la cabeza para haberse comportado así, a sabiendas de tenerlo prohibido, el niño se empeña en negarlo todo, a pesar incluso de las evidencias fácilmente rastreables. La mentira, cree, evitará la sanción.

El profesor canadiense Kang Lee define esta estrategia como un avance positivo en el desarrollo cognitivo de los menores, sin el cual podrían quedar indefensos. Dicho de otro modo: mentir es una respuesta normal y humana, de defensa y supervivencia. También mantiene que cuanto antes empecemos a mentir más posibilidades tendremos de adquirir habilidades sociales y de control de impulsos. Y no solo considera el engaño como un acto de autodefensa, sino también una capacidad necesaria para comunicarnos con los demás, por el hecho de suavizar nuestras percepciones sinceras, no siempre agradables a ojos de quien nos interpela.

Este primer estadio de la mentira es tan solo el embrión de un sofisticado campo cognitivo que evoluciona hasta el punto de acabar engendrando técnicas que trascienden con mucho la autodefensa, y que persiguen el beneficio puro e, incluso —y aquí viene la sorpresa—, evitar el mal a los demás. El engaño compasivo.

Los actos humanos se mueven en el campo de la dialéctica entre el castigo y el premio, y es en este terreno donde la mentira o el engaño encuentran su lugar para prosperar como capacidad de éxito o fracaso. La mentira, además, también guarda relación con la empatía. Es un mecanismo necesario para tejer complicidades y crearnos entornos favorables que nos permitan ir convirtiéndonos en seres humanos.

No obstante, las mentiras primigenias, las primeras que aprendemos, suponen solo un pequeño adelanto de un arte que evoluciona hasta un refinamiento máximo, gracias al cual somos capaces de perfilar las técnicas más sofisticadas. No se trata tanto de la negación explícita de la realidad —cosa que ya se hace en la primera fase—, como de relatar hechos y pensamientos de forma parcial, excesiva e incluso inventada. La mentira, al progresar, constituye uno de los senderos más elaborados y extensos de nuestra capacidad creadora. Hemos llegado a entender, incluso, que pueda llegar a ser una aptitud básica para sentirnos aceptados en sociedad.

Como individuos vivientes y pensantes, capaces de activarnos para buscar el placer o huir del dolor, en términos epicúreos, nos movemos empujados por las pasiones o los impulsos más diversos. No todos virtuosos. Vivir en sociedad no es nada más que habitar un entorno en que el denominador común, el que nos hace partícipes o integrantes de una comunidad, se establece respecto a una escala de valores. Y nuestras acciones no siempre coinciden con los puntos de esta escala. O, para ser más exactos, no siempre se encuentran en sus cotas más altas.

Es aquí donde el engaño, entendido como la capacidad para adornar nuestros actos, para dotarlos de virtud, encuentra su mayor capacidad de expresión. Nos define como personas. Nos relatamos a partir de lo que explicamos, y de la correspondencia de esas explicaciones con los actos que acometemos. Por eso hay narración en todo lo que hacemos; de presente, y sobre todo, de futuro. Lo que explicamos sobre nuestras conductas y experiencias sirve para que los otros nos reconozcan como individuos.

No obstante, es evidente que esta identidad no se entendería sin los rasgos comunes que nos ligan a la colectividad. De hecho, más allá de nuestros actos como individuos, lo que nos acaba conformando como personas es cómo actuamos para interrelacionarnos con los otros, y, sobre todo, con su escala de valores. Es la pertenencia a las comunidades —entendidas como entornos de aprendizaje de normas, costumbres, historias, conocimientos y hábitos— lo que nos explica en el mundo. A una persona construida únicamente a partir de experiencias particulares, sin el juicio de *los otros* —grupo que se ha construido acumulando y actualizando un legado común—, sin ninguna relación ambiental, no la podríamos considerar un individuo. Esto es lo que hace que nuestra empatía, el reconocimiento de los otros, sea superior al que tenemos con el resto de las especies del planeta. No seríamos capaces de determinar el carácter de una hormiga o una planta sencillamente porque no tienen con nosotros ninguna relación posible que podamos valorar a partir de unos patrones de conducta compatibles con la forma que tenemos de ver las cosas.

Son estas formas comunes las que determinan que nuestra construcción como individuos esté altamente connotada y perfile un relato propio. La mayoría de características que definen el carácter de una persona siempre las establecemos en relación con los otros: egoísta, generoso, empático, orgulloso, altivo, ambicioso, simpático, seco, grosero, tímido, educado, cariñoso, narcisista, vulgar, elegante, pusilánime, agresivo, alegre, expansivo, introvertido.

Así pues, el marco de relaciones que somos capaces de generar es lo que nos acaba definiendo como individuos, y por tanto convertimos nuestro ciclo vital en un intento por conciliar nuestras pulsiones con la aceptación del entorno. Este entorno es también nuestro marco de supervivencia, el lugar en que se determinará que tengamos éxito o que fracasemos. Y es aquí donde se desarrolla nuestra capacidad para diseñar relatos. Del talento que tengamos para ello dependerá que alcancemos nuestros objetivos vitales.

De la combinación de lo que somos, el relato que edificamos sobre nosotros mismos y de la relación que guarda con el que diseñan los demás surge la construcción de la historia personal. Todos actuamos siguiendo una línea de correspondencia directa con nuestro pasado, con lo que hemos sido. Nadie imagina —más allá de los afectados por una patología mental grave— a una persona actuando un día de una manera y al día siguiente de otra, sin ninguna relación con circunstancia anteriores. La memoria nos configura el espacio de reconocimiento, propio y de los otros. Y es este espacio donde se desarrollan las habilidades sociales.

Cuando alguien conoce a otra persona tiene la necesidad de saber quién es, su identidad. Y esta identidad no se limita solo al nombre, la edad, el estado civil y la residencia, como si una persona fuera una ficha administrativa. Queremos saber *quién es*. Y este «quién» no es nada más que el vínculo entre el presente que vemos o intuimos y el pasado que nos explica. Así, cuando nos relacionamos con los otros nos vemos obligados a desplegar un relato coherente sobre nosotros mismos.

¿Los actos del día a día son necesariamente consecuentes los unos con los otros? Si nos paramos a reflexionar, quizá nos demos cuenta de que no es del todo así. Pero si nos fijamos en lo que contamos sobre nosotros mismos, seguramente la línea narrativa nos resultará comprensible en base a los patrones que establece la dialéctica de la lógica.

De este modo, cuando nos presentamos en sociedad narramos, contamos, hacemos un ejercicio creativo para englobar nuestro pasado y cada una de nuestras acciones en un perfil concreto que nos defina. La memoria, y la manera de representarla a los demás y a nosotros mismos, es una primera forma de transformación de la realidad. De entrada, porque no actúa como lo haría si fuera el objeto de una ciencia exacta, fijada en unos parámetros inamovibles. La memoria es voluble y se adapta a nuestras necesidades, es decir: a lo que necesitamos y a cómo nos conviene recordarla. Nos explicamos a los otros a partir de lo que nos gusta que los demás vean de nosotros, y partiendo de aquel «yo» que nos gustaría ser.

La memoria es selectiva y se transforma, como la energía. En esta selección y transformación juegan un papel importante los patrones de conducta aprendidos y los mitos que incorporamos a lo largo de nuestra vida. No es muy difícil advertir que la mayor parte de los relatos que nos cuentan los demás no tienen nada que ver con el tedio y la rutina con que la vida nos *obsequia*. Los relatos de los otros se componen de emociones, conflictos y situaciones estimulantes; un poco como los nuestros cuando los explicamos. Incluso cuando hablamos de nuestra rutina y nuestro tedio no lo hacemos desde el sentimiento de comodidad y confort que a veces nos proporcionan, sino que tendemos a aliñarlos con conflictos emocionales y vitales, pues siempre genera un éxito narrativo. Y puede que, incluso, algún aplauso.

Lo que transmitimos no es una traslación exacta de lo que vivimos ni de cómo lo vivimos —y por tanto de lo que somos—, sino que es una reconstrucción. Nos contamos a nosotros mismos a partir de pautas establecidas por los deseos, la aceptación, las conductas estándares, las normas morales y una selección de hechos y palabras que se adecuan a lo que queremos comunicar. Todo esto tendrá mucha importancia en la confección y creación de la verdad —o las verdades—. Sin un uso exhaustivo de este mecanismo no transformaríamos nuestra existencia en una narración.

Lo que queda de nosotros como individuos, o como comunidad, es la palabra, el relato, y también la impronta que dejamos en varias formas de expresión —escénicas o plásticas— que siempre son el fruto de una selección, pensada, calculada y estructurada para causar un efecto. Es aquí donde entran en juego los términos *sinceridad, confianza* y *fidelidad,* tan ligados a la construcción de la verdad. Sin estos conceptos, que nos remiten a un tipo de contrato no firmado pero vigente, no seríamos capaces de generar las complicidades necesarias para vivir en comunidad y entendernos. Cuando la revelación de hechos rompe la línea coherente de un relato, se produce una colisión, que a la vez hace que este contrato sea puesto en cuestión.

El desengaño es la otra cara del engaño, y es el que da paso a la mentira. Es decir: un engaño no lo es hasta que no se descubre la distancia que marca con un relato más contundente en coherencia y basado en pruebas concluyentes. Por tanto, la mentira empieza cuando nos sabemos engañados, nunca antes. Incluso el que miente no engaña, porque está creando un relato a la espera de que no se tope con ninguna otra falsedad que lo desenmascare o lo desmienta. Solo si esto sucede podrá hablarse de engaño. ¿Cuántas mentiras deben de formar parte de nuestro patrimonio común, solo por el hecho de que no ha habido ningún relato que las haya desmentido nunca?

Los individuos, por tanto, configuran su identidad a partir de la reconstrucción de acciones y hechos que los han acompañado a lo largo de la vida. Pero las identidades no se explican solo a partir del hecho individual, de aquello que queremos ser, sino que poseen un reflejo que las vincula a un espacio compartido por grupos o comunidades: el género, la nacionalidad, las ideologías, la estirpe, la clase social, las aficiones y las creencias son elementos consustanciales a nuestra identidad y que no se entienden sin el hecho compartido.

Los rasgos compartidos y que caracterizan nuestra manera de expresarnos y de explicarnos en el mundo son la primera piedra que edifica las historias colectivas. Esta narración, que justifica nuestras conductas al guardar una correlación con estas identidades, conforma la manera de entendernos como seres sociales. Y también busca que haya una coincidencia entre los hechos y la forma de valorarlos y relatarlos.

Las historias colectivas son una categoría de relato que hemos heredado y que nos explica como individuos. Cada uno de nosotros somos hijos de las tradiciones que asumimos y transmitimos a partir de un aprendizaje. Hablamos la lengua que nos enseñan, pensamos en función de los conceptos que nos traslada esta lengua, nos expresamos con una gestualidad aprendida y nos comunicamos a través de los hábitos de consumo que nos han confiado. Son pautas que entroncan con una narración que determina la lógica de estos hábitos. Es lo que llamamos cultura.

Suele haber mucho debate para determinar qué es exactamente la cultura, pero en todas las definiciones encontramos un denominador común: es una forma de expresión de ideas, pensamientos, creaciones y creencias compartidos por un número más o menos amplio de individuos a lo largo de mucho tiempo. O, dicho de otro modo, es la construcción de unos relatos en los que los individuos se pueden reconocer.

Pudiera parecer que reflexiones de esta índole no coincidan con el objeto de estas páginas, la verdad y la mentira. Sin embargo, pronto veremos qué relación guardan con el meollo del asunto aquí tratado. Quedémonos, pues, con una idea central: se trata de entender, para empezar, que la definición de verdad es complicada de afinar, sobre todo porque nuestra capacidad para exteriorizar cualquier concepto pasa por la verbalización, que es una forma connotada de diseñar un relato. Las palabras, por definición, no son inocentes.

Las historias colectivas se fundamentan en gran parte en torno a fabulaciones basadas en el deseo más que en la constatación de unos hechos. Son narraciones y edificaciones abstractas construidas a partir de una lógica extraña que se escapa de cualquier realidad tangible: son los mitos. Los seres humanos necesitamos que todo tenga una explicación.

En tanto que somos capaces de concebir el infinito y la eternidad, la magnitud de todo lo que podemos percibir es prácticamente ilimitada. La trascendencia, que no podemos explicar dentro de los parámetros de la lógica deductiva o empírica, conforma realidades que necesitamos compartir y que siempre han estado presentes a lo largo de la historia. André Comte-Sponville nos recuerda que «no conocemos ninguna civilización sin mitos, sin ritos, sin sacralidad, sin creencias en fuerzas invisibles o sobrenaturales y, en suma, sin religión, en el sentido amplio o etnológico del término».

El filósofo, que se define como ateo, busca fórmulas para evitar creer en un misterio indemostrable, y concluye que «es la verdad, y no la fe, la que nos libera». Pero ¿no es la verdad y el convencimiento de que existe, a su vez, una creencia?

George Orwell estaba obsesionado con la insuficiencia del lenguaje para expresar todo lo que sentimos o pensamos, cosa que significaría que estamos obligados a traducir léxicamente de manera inexacta aquello que queremos expresar. ¿No quiere decir esto que sería una forma de adaptación de la realidad que contiene un poco de embuste?

Orwell reflexionó bastante sobre esta característica del lenguaje, con el convencimiento de que la conversión de los pensamientos en palabras conllevaba riesgos y peligros que se habían hecho evidentes a lo largo de la historia en los relatos de dominio. Dado que nuestra formación es lingüística, todo lo que no tiene palabra que lo designe no existe. Así pues, lo que no tiene traducción lingüística *no es*. El escritor ironizaba en su novela *1984* con la existencia de un Ministerio de la Verdad, donde se elaboraba un lenguaje que optaba por eliminar palabras y adaptar otras para tratar de silenciar realidades todavía existentes. Dejando las ironías aparte, sí que se ha demostrado que el uso del lenguaje determina el pensamiento, cosa que ha hecho que la educación y la comunicación sean piedras angulares de todas las formas de poder. No en vano, la religión —ya sea la cristiana, la musulmana, la budista o la judía— ha tenido siempre un especial interés en el control de las instituciones educativas, como lo tuvieron los regímenes autoritarios en los años treinta, o la Unión Soviética hasta finales del siglo XX. Aquello que expresamos modela una manera de pensar y, por lo tanto, una forma de definir qué es verdad.

En la España que va de los años cincuenta a los setenta, por ejemplo, solían considerarse como *vicios* diversas actividades. Con la democracia, la terminología que las reflejaba desapareció, y con ello la manera de calificarlas. Y no nos encontrábamos ante una realidad maliciosa por voluntad, sino ante acciones inconscientes más cercanas a una disfunción o patología social. Nos referimos a trastornos como el alcoholismo, el tabaquismo o la ludopatía.

Lo que no se pronuncia directamente no existe. Solo hay que pensar en cuando los políticos evitan decir el nombre de compañeros de partido si estos han sido acusados en algún caso de corrupción. Se los denomina los «sin nombre». En la cultura hebrea, por ejemplo, están extendidos los conceptos de Jahvé, su Dios, y el de los «otros», cuyo nombre no se pronuncia. También el lenguaje políticamente correcto tiene esta misión; no tanto la de hacer desaparecer concepto alguno, sino la de matizarlo y cambiar su visión en función, en muchas ocasiones, de intereses colectivos y/o ideológicos.

A lo largo de este ensayo mostraremos una larga lista de representaciones de la verdad que nos enseña hasta qué punto el arte de mentir forma parte consustancial del relato. Las narraciones, de hecho, se elaboran a partir de un conjunto de técnicas que no solo tienen el objetivo de proporcionarnos placer literario, sino también el de construir realidades, intentando fijar planteamientos sobre la verdad en nuestro pensamiento. La falsedad no es solo la negación de la verdad o la invención de un hecho; en la mayoría de los casos, es una simple transformación de la realidad para que la explicación que se da se acerque a una determinada evaluación. Los hechos son neutros, pero su expresión no lo es nunca. Dicho de otro modo, y expresado por el pensador francés renacentista Michel de Montaigne: «El problema principal que plantea la verdad sobre cualquier hecho es que la verdad es una y las mentiras pueden ser muchas».

Cuando contamos cualquier historia —ya sea un hecho cotidiano, un sentimiento profundo o una reflexión sobre cualquier concepto más o menos abstracto—, no trasladamos lo fáctico, sino una mera representación, ya limitada de entrada por la única herramienta que tenemos, el lenguaje —ya sea el lingüístico o el gestual—, y de salida condicionada por el nivel de comprensión o aceptación de los otros. Por lo tanto, hacemos una representación que transforma la realidad para que pueda entenderse. ¿Es esto trasladar la verdad o construir una verdad a medida? Es este sentido, podríamos afirmar que siempre mentimos, o que, cuando contamos algo, no hacemos una traslación fiel de la verdad.

La mentira, como la verdad, puede ser fáctica o volátil. Entendemos por fáctico o factual aquello que es contrastable empíricamente, aquello que «es». Cuando uno roba un objeto, las pruebas sobre este acto se pueden contrastar a través de las pistas que definen un hecho: la posesión del objeto, más la declaración de testigos que han visto el robo, más los deseos expresados explícitamente por el autor antes de la acción, por ejemplo. Cuando negamos una evidencia, nos encontramos ante una mentira fáctica, o, invirtiendo los términos, ante una falsedad que se puede desenmascarar a través de realidades fácticas. Si nos referimos a la ley de la gravedad, es fácil estar de acuerdo con que la fuerza de los hechos, la caída de los objetos por una fuerza gravitacional, es inapelable. Quien la negara tendría que hacer flotar los objetos, cosa que no le sería nada fácil. Las volátiles, en cambio, son aquellas mentiras sobre lo que pensamos. Por definición, aquello que tiene vida en nuestra mente es insondable para los demás, quienes solo pueden tener constancia a través de nuestras palabras y gestos. Pero no siempre que hablamos expresamos lo que pensamos, pues podemos mentir. Así pues, cuando hacemos referencia al pensamiento de alguien, en realidad lo que definimos es lo que ha expresado, que puede ser el fruto de las ideas que tiene, de las convicciones o los principios, o de la conveniencia. Las palabras, por tanto, se dicen en función del entorno o para buscar beneficios.

Una de las principales características de la mentira es precisamente buscar un beneficio o evitar un perjuicio. Así, las mentiras serían altamente volátiles porque son consecuencia de la adaptación. Son más un mecanismo de supervivencia que una respuesta a impulsos o pulsiones sinceras. Sin embargo, aun siendo las palabras algo frágil, se tienen mucho en cuenta, dado que son la única correa de transmisión del pensamiento.

Fijémonos en la importancia que tienen cuando las pronuncia un político. Si articula un discurso xenófobo está perdido. Nadie se preguntará si busca el aplauso fácil de su audiencia, ya sea real o virtual. Es decir, si sus palabras son fruto de reflexiones sinceras y genuinas, o de un estudio de mercado a partir del cual habría calculado el posible éxito de sus argumentos. ¿Habría sinceridad en sus palabras, o solo un cálculo acerca de la eventual aceptación de su discurso?

Todos conocemos a personas con la habilidad de influir fácilmente en su entorno. Es decir, con gran capacidad para adaptar lo que quieren transmitir a quienes los escuchan, ya sea en el ámbito familiar, laboral, social o político. Estos individuos suelen expresar lo que creen que satisfará a la posible audiencia a la que se dirijan. ¿Es ese su pensamiento real? Cuesta creerlo. Es más, podría suceder incluso que no tuvieran una opinión o ideas propias sobre ciertas cuestiones, y que solo se limitaran a expresar algunas que hubieran escuchado vete a saber dónde, repitiéndolas al estar convencidos de estar ajustándose a los requisitos de su audiencia.

La mentira, por tanto, es en parte un elemento consustancial a la manera que tenemos de adaptarnos al entorno. Es una estrategia inteligente para darle encaje a lo que expresamos como si fuera verdad, para que los demás se sientan más o menos reconfortados, o al menos no violentados. Los seres humanos no nos ofendemos cuando nos mienten; nos enfadamos cuando descubrimos la mentira. Y esta es la clave del poder de seducción que tiene la falsedad, o, dicho de otro modo, la capacidad para ornamentar la realidad.

La verdad está sobrevalorada porque es un concepto inabarcable. Y está bien vista, a pesar de que, en cierto modo, su existencia no es deseable porque la verdad absoluta convertiría la vida en algo mecánico y tiránico, y porque nadie soportaría que sus relaciones personales se articulasen en base a la cruda realidad, determinada por los parámetros de la sinceridad extrema. Hay un dicho que lo explica muy bien: «La confianza da asco». Podemos interpretarlo como la dificultad que entrañaría convivir con personas que se expresaran siempre con total franqueza. La convivencia se tornaría imposible, y por ello educamos a nuestros hijos con cierto grado de impostura, para que aprendan lo que se puede decir y lo que es mejor callar.

La represión, en un sentido amplio, nos explica como seres humanos, tal y como argumentaba en detalle Sigmund Freud. Este término propio del psicoanálisis lo podemos traducir como autocensura en el campo de la comunicación, y sin duda explica los más profundos mecanismos del funcionamiento de los medios, así como de todas las formas de comunicación social. Profundizaremos en ello más adelante.

Pensemos en las caras de los padres y las madres de los niños pequeños cuando estos expresan con total franqueza lo que opinan de los adultos cuando los tienen delante. Pueden ser estimaciones, por ejemplo, sobre el aspecto, el olor, las opiniones o la raza, y suelen ser poco ortodoxas. Traslademos estas apreciaciones infantiles tan inoportunas a las relaciones entre adultos, y entenderemos con facilidad que no siempre conviene ser sincero, y que la mentira puede evitarnos muchos problemas. Más adelante nos interrogaremos sobre el uso perverso de la mentira piadosa o de la hipocresía.

Finalmente, y antes de continuar, haremos una última reflexión en torno al poder de la mentira, sobre hasta qué punto aquello que expresamos puede acabar generando una incidencia real en la construcción del relato. Denomino este fenómeno «la espiral de la mentira en el laberinto de la coherencia». ¿Qué quiere decir esto? Pues que un pequeño engaño puede acabar convirtiendo una simple estratagema para rehuir una situación comprometida en un auténtico edificio de falsedades, que se erige con el propósito de sostenerlas, y que acaba reescribiendo nuestro pasado y condicionando nuestro futuro. Y todo por no quebrar una línea argumental, que si deshiciéramos, delataría nuestra impostura.

Es esa pequeña mentira que acaba convirtiéndose en la primera piedra de una falsedad que puede terminar rehaciendo nuestro relato personal, o reconstruyendo la historia común. No es posible dar por veraz una información que contradice el engaño inicial, así que poco a poco vamos falseando todo lo que ocurre en la historia para adaptarla a la línea argumental coherente del discurso.

Por ejemplo, si explican que ostentamos un cargo porque hicimos la carrera con la formación necesaria, a pesar de ser falso, necesitaremos explicar dónde la estudiamos, con quién y cuándo. Cada dato que nos reclamen alimentará un relato falseado, y es una pista que podría acabar desenmascarándonos al ser un elemento verificable por los demás. Y ya sabemos que la curiosidad es insaciable.

El silencio después de una pregunta es sospechoso por definición, por lo que es mejor edificar un relato completo, capaz, que satisfaga toda la curiosidad que genera lo que explicamos. Si el punto de partida es falso, significa que el resto de datos también lo han de ser, y acabarán construyendo un entramado de fabulaciones que se mantendrán verosímiles solo si la coherencia está bien fundamentada.

Partiendo de este punto, comenzamos la indagación sobre los recovecos más apasionantes de la verdad. Hasta qué punto el relato es clave para el propio concepto, y sobre cómo, en el fondo, lo que importa no es tanto la verdad en sí como la convicción y la verosimilitud.

No haremos solos este camino; iremos del brazo de todos aquellos que nos sirvan como referencia para reflexionar sobre una cuestión de enorme trascendencia en los últimos años, a raíz de la explosión de las redes sociales en el ámbito de la comunicación. Filósofos, psicólogos, periodistas, economistas, pintores, escritores, historiadores y políticos nos ayudarán a comprender la complejidad del tema en que nos hemos enredado.

El camino es apasionante y merece la pena adentrarse en este laberinto atestado de dudas. Pero, sobre todo, antes de nada, cabe que nos despojemos de buena parte de nuestras certezas.

El poder de la verdad está en la mentira

Es probable que el siglo XXI pase a la historia como el momento en que los ciudadanos abrieron los ojos y vieron cuáles eran los mecanismos con los que se construían los relatos con que podía gobernarse el mundo.

La irrupción y la expansión exponencial de los medios digitales y la potencia de internet para atravesar fronteras físicas y mentales y para marcar nuevos parámetros comunicativos —y, en consecuencia, para la información misma— ha generado una preocupación creciente por el modo en que se difunden los mensajes, la intención con la que se hace y su propia naturaleza. Todo esto no es más que la amplificación de un fenómeno restringido hasta el siglo XX, o más bien *secuestrado* y en la sombra, por aquellos que siempre han ostentado la capacidad de elaborar, construir y finalmente difundir los relatos que más les han interesado o convenido. Los poderosos.

Hay quien define esta nueva era como la de la comunicación, pero puesto que entendida como fenómeno de masas es algo más propio del siglo pasado, tal vez sea más adecuado definirla como la era de la lucha de relatos.

La multiplicación de los estímulos comunicativos y las nuevas formas de consumo a raíz de la irrupción de internet, y todas las aplicaciones que lo han acompañado, presagian un futuro basado en esta batalla. A diferencia del siglo XX, en que los relatos hegemónicos campaban a sus anchas y el reto consistía en encontrar el modo de expandirlos, hoy esas barreras ya no existen, y ahora lo que impera es una lucha cruda por conseguir que nuestras narraciones sean las dominantes.

Un buen relato siempre ha sido clave a la hora de crear conciencias colectivas capaces de movilizar en busca de objetivos comunes, y estas se han generado para justificar la vida en comunidad y el dominio sobre el resto de especies, primero, y sobre nosotros mismos más tarde. La condición humana se diferencia del resto por la capacidad de sumar individuos a un cuerpo único, más allá de barreras físicas o distancias insalvables. Somos capaces de crear comunidad sin siquiera conocernos personalmente, y podemos definirnos y reconocernos a partir de un relato que nos hace ser conscientes de nosotros mismos, generando una identidad común para explicarnos a través de códigos de relación necesarios. Por eso resulta tan importante cuando grupos distintos buscan el reconocimiento social frente a los constantes abusos a los cuales se somete a determinadas personas, y justo por eso hemos elaborado construcciones intelectuales para protegernos. En primera instancia fueron los mitos, las leyendas y las religiones; después vinieron las ideologías, las corrientes intelectuales, las declaraciones universales y los textos legales; finalmente, hoy, hablamos de la conciencia de formar parte de una misma comunidad universal, unida gracias a las redes de comunicación.

Todas las formas de saber compartido se han gestado a partir de la capacidad creadora del ser humano para generar dinámicas emancipadoras; marcos mentales que nos hacen creer que en nuestro interior existe una piedra filosofal que va más allá de las limitaciones propias de nuestra naturaleza. Los seres humanos hemos creado cultura, o lo que es lo mismo: unos códigos para el conocimiento colectivo que nos hace reconocernos como miembros de un mismo grupo.

La historia de la humanidad se explica, más allá de los hechos en sí, por los imaginarios colectivos que han erigido una narración coherente sobre lo que somos a partir de un origen, y por la definición de destinos y horizontes más o menos universales. El progreso es una construcción intelectual que emana de un relato de conquista propio de nuestra especie, que ha contribuido a fijar realidades que han asumido el máximo número posible de individuos. Unas supuestas verdades por las que luchar y por las que movilizarse.

Máximas, juicios y prejuicios, moral, ética, arte, historia y ciencia, narrativas y filosofía constituyen un cuerpo íntegro de conocimiento que nos explica como una especie con un destino común, y nos relata coherentemente en una sucesión continua, como si los seres humanos hubieran aterrizado en el mundo para trabajar sin tregua y generar lo que somos ahora. Como si los que vivimos en la actualidad no fuéramos más que el eslabón de una narración que acabarán completando las generaciones futuras.

En definitiva, las personas nos hemos explicado a nosotros mismos como si formásemos parte de un objetivo compartido, que es la humanidad en sí misma. Hemos elaborado una apasionante historia que nos tenemos que creer, conformada tanto por los hechos como por su articulación narrativa y discursiva.

Es esta capacidad, y a la vez característica, la que nos define, y la que nos ha convertido en la especie más poderosa sobre la faz de la tierra y, al mismo tiempo, la de mayor capacidad depredadora. Este es el motivo por el cual dominamos el mundo, progresamos como especie, y nos embarcamos en las guerras más cruentas y mortíferas. La creación y la destrucción forman parte de un mismo devenir, porque sin alumbramiento no puede existir la destrucción, y en ocasiones la propia devastación contiene la semilla de lo nuevo.

Es una dialéctica que, como veremos, está intrínsecamente ligada a la idea de la verdad y de la construcción de relatos. Las revoluciones participan de esta idea, sobre la que se fundamenta la evolución de la humanidad. Las justificaciones, los motivos y las acciones que generan acaban formando parte del relato que nos explica como seres creadores de realidad.

De este modo, los humanos, más allá de percibir nuestro entorno, hemos sentido la necesidad de explicárnoslo debido al impulso de atribuirle un significado que se ajustara a nuestras necesidades vitales. Así, la historia de la humanidad no es más que una serie de relatos sucesivos, «constructores», que nos definen y que nos facilitan las herramientas para dominar el planeta y progresar como especie. Es este elemento, el de la articulación de discursos y la creación de imaginarios colectivos, el que denominamos conocimiento, y gracias al cual hemos definido la realidad y, por extensión, diferenciamos lo que es real de lo que no.

Desde los albores de la filosofía, los distintos pensadores han colocado esta dialéctica en el centro del debate, y ya los clásicos griegos nos demostraron la gran controversia generada en torno a lo que es y no es real. Se trata de enigmas que todavía a día de hoy se debaten en los terrenos del pensamiento metafísico, y que tienen un reflejo constante en cada una de las manifestaciones del conocimiento y de la comunicación humana. Incluso la ciencia, expresión más elocuente del empirismo, manifiesta dudas constantes sobre esta cuestión.

En muchas ocasiones, la verdad no viene determinada tanto por su constatación indiscutible como por la falta de un discurso alternativo. O, dicho de otro modo, se define más bien por la ausencia de un relato que la desmienta. Es en este sentido que la mentira acaba formando parte indisociable de la verdad, puesto que a menudo se busca ratificar una hipótesis más a través de lo falso que no de la comprobación de los hechos en sí.

Sócrates puso la piedra inaugural a una fórmula que se centra más en la detección de la falsedad que en encontrar la vía adecuada para conocer la verdad. El ateniense articuló la mayéutica como un método circular del discurso para detectar errores en aquellos que creían estar en posesión de certezas absolutas. Un método basado en preguntas de un cuestionario intuitivo y deductivo, que a partir de un saber inicial llevase a los interrogados, a través de las contradicciones, a la conclusión de que en realidad son incapaces de alcanzar la verdad. Es el lema tantas veces repetido: «Solo sé que no sé nada». Sócrates defendía que el primer paso imprescindible para alcanzar la verdad era la crítica, entendida como la capacidad de convencer de su error a aquellos convencidos de estar en posesión de certidumbres incuestionables. Después de él son muchas las formulaciones que se han hecho en torno al concepto de verdad, aunque ninguna tan concluyente.

No es nuestro objetivo aquí el adentrarnos en la trascendencia de lo verdadero y lo falso, sino el reflexionar sobre las distintas consecuencias que en un terreno más prosaico, o si se quiere más pragmático, han conllevado las distintas formas de verdad o mentira. Cómo hemos sido capaces de construir relatos y a la vez justificarlos a partir de diversas técnicas discursivas o comunicativas, y hasta qué punto estas articulaciones han sido el eje fundamental a la hora de instaurar hegemonías, sometimientos y, en definitiva, formas de poder. No pretendemos inmiscuirnos en el ámbito del conocimiento, o de la búsqueda de la verdad —ya sea revelada o contrastada— por parte de la ciencia, la espiritualidad o la filosofía, sino que queremos especular sobre cómo el poder dominante se ha manifestado a la hora de construir realidades convenientes e interesadas, hechas a su medida para favorecer posiciones de dominio, control de los recursos y gestión del espacio público, e incluso lograr privilegios y propiedades a partir de leyes aceptadas como verídicas.

Cuando articulamos la tan repetida sentencia de que «la información es poder», no nos referimos exactamente al saber, sino a disponer de los tentáculos para accionar los recursos que hagan que nuestro relato se acabe imponiendo. Los humanos no nos organizamos a partir de la verdad o del interés por conocerla, sino que nos definimos en base a de nuestra capacidad para erigir edificios conceptuales verosímiles que sean lo bastante sólidos como para mantenerse en pie.

En este contexto interpretamos al filósofo inglés Thomas Hobbes cuando decía aquello de que la verdad solo se acepta cuando no interfiere en los asuntos del poder, y lo ejemplificaba de este modo: «No tengo ninguna duda de que la doctrina según la cual los tres ángulos de un triángulo han de ser iguales a dos ángulos de un cuadrado habría sido puesta en cuestión si se hubiese opuesto al derecho de dominio de cualquier hombre, o al interés de los dominadores mismos. Y no solo discutida, sino que, dependiendo del poder del afectado, incluso suprimida mediante la quema de todos los libros existentes de geometría».

Con la Ilustración se profundizaría más en esta idea a través del filósofo alemán Immanuel Kant en su *Crítica de la razón pura*, donde consideraba la verdad o la apariencia de verdad como propiedades que trascienden al objeto, enmarcadas en el ámbito del juicio o del pensamiento.

Así pues, la verdad, y por tanto también la mentira, formarían parte de nuestro juicio, o de una construcción que busca conformar una percepción sobre las cosas. Es decir: serían la base del relato.

Para Kant, el mismo filósofo que defendía el imperativo categórico como razón existencial de conocimiento y acción, la verdad no forma parte de la naturaleza de las cosas, sino del artificio propio de aquellos que son capaces de juzgar y razonar. Es lo que hoy, con otras palabras, diríamos que es un punto de vista subjetivo. Un planteamiento, pues, alejado del principio aristotélico según el cual la verdad está en las cosas y los objetos.

De este modo, el poder no se encuentra en la verdad, sino en la mentira, entendida como la capacidad para diseñar, difundir e imponer un relato que favorezca unos intereses concretos, se ajuste o no, más o menos, al hecho o al objeto. No definimos, pues, la capacidad de mentir como el arte de la fabulación, sino como la técnica para redefinir los hechos con el propósito de favorecer unos intereses. Cuando hablamos de mentira, no la entendemos como la acción de faltar a la verdad o a los hechos de manera deliberada, sino, en un sentido amplio, como la ausencia de verdad, o la capacidad para generar irrealidades. Si asumimos que la verdad es inabarcable en términos absolutos, convendremos también que no perseguimos tanto encontrarla como diseñarla. En definitiva, buscamos establecer construcciones imaginativas que seamos capaces de entender y consensuar con el fin de organizarnos. Interpretaciones, falsedades o invenciones, al fin y al cabo, que erijan un promontorio necesario para dar sentido a la propia existencia. La verdad se entendería como una convención, y por tanto sería aceptada como una entidad necesaria pero no inamovible. Ni siquiera indiscutible. Las cosas son así porque han de serlo, y además nos va bien que así sea, por decirlo con otras palabras.

Las ideas religiosas son un magnífico ejemplo de pilar conceptual sobre el cual se edificaron las sociedades feudales, y, del mismo modo, lo son las ideologías, sobre las que se construyó el marco de conocimiento y organización de las sociedades industriales.

En este sentido, cabe que nos remitamos al filósofo Josep Maria Terricabras, cuando se refiere a la pregunta que Poncio Pilato le hace a Jesucristo: «¿Qué es la verdad?». El pensador gerundense responde: «La verdad es aquello que nosotros denominamos como tal. Como la justicia, como la fraternidad, como la igualdad, es aquello que nosotros construimos a lo largo de los siglos».

Hegel defendía que la verdad es racional o no es. Para el pensador alemán, lo que es real es racional, y lo que es racional es real. Visto así, a lo que se llega a través de la razón es cierto o es verdad. De este modo, se resuelve el problema de cómo alcanzar la verdad. En su teoría, la realidad solo es perceptible desde una dimensión conceptual, y el que es no solo es, sino que tiene que ser y es bueno que así sea.

Son unos principios que recuperan los valores aplicados a las ciencias sociales, más basadas en estos que en los hechos en sí. A lo largo de la historia, pero sobre todo a partir de la Ilustración y de la Revolución Francesa, las disciplinas sociales crecen doctrinalmente, haciéndonos entender la realidad desde un prisma que pivota a partir de los valores del humanismo, entendidos a través de conceptos como la libertad, la igualdad y la fraternidad. Unos imperativos que nos sirven como criterio para definir un modelo de realidad. Pero estos valores no son ni mucho menos absolutos, y quedan sometidos a todo tipo de evaluaciones, entrando en la categoría de verdades opinables y opinadas.

La profesora de Derecho Internacional de la Universitat de Barcelona Sonia Andolz lo explicaba con estas palabras en *El Periódico* el 14 de abril del 2018: «Los conceptos son subjetivos e interpretables, y con respecto a ellos solo existe un acuerdo social sobre su uso y contenido. Lo cual no significa que constituyan marcos teóricos menos importantes; más bien al contrario: es vital mantener el acuerdo que permita que la sociedad viva bajo unos mínimos comunes, y que cualquier uso fraudulento o ruptura de este contrato social se señale y se arrincone».

A lo largo de la historia de la humanidad no hemos elaborado técnicas para explicar la verdad, sino que hemos dedicado ingentes esfuerzos en modelar relatos a nuestra conveniencia. Es decir: a adulterar, manipular o rediseñar la realidad, e incluso crear hechos imaginarios o preconcebidos que nos beneficien, y que nos sirvan para incrementar nuestras posibilidades de supervivencia. Las religiones, como decíamos, son un buen ejemplo de esta estrategia.

También nos sirven como modelo los distintos movimientos artísticos y corrientes filosóficas que trataron de demostrar lo que entendían como falaz en las religiones. El mero hecho de que hayamos desarrollado la capacidad de contradecir formas de concebir la verdad ya nos tendría que poner sobre la pista de que, en realidad, nos hallamos frente a una dialéctica discursiva más que ante una búsqueda esencial. El existencialismo es un buen ejemplo de cómo las verdades se conforman a partir de relatos que, en tanto que rebatibles, distan mucho de poder definirse como verdaderos, si los entendemos como hechos inapelables. De Heidegger a Sartre, los existencialistas establecieron una doctrina centrada en definir la existencia. Es decir: el ser, más allá de la idea abstracta de la esencia. Para estos filósofos, la única realidad posible nace con la conciencia de los humanos, y se basa en nuestra capacidad para razonar y juzgar libremente. Rebaten, de este modo, las ideas esencialistas de la existencia, cuyo origen se remonta a la filosofía de Platón.

La narración, entendida desde este punto de vista, es una piedra angular en la conformación de la realidad. La historiadora Catherine Nixey explica, tras una profunda investigación sobre los inicios del cristianismo desde el emperador Constantino, que una de las principales estrategias para la creación de realidades es la destrucción u ocultación de narrativas improcedentes. Nos recuerda que la verdad es siempre la de los vencedores, y nos relata el ahínco con el que los primeros cristianos se dedicaron a destruir el legado clásico de todas las materias posibles. El sistema lógico y matemático de la filosofía clásica se silencia y el arte se destruye, como veinte siglos después haría el Estado Islámico en la histórica ciudad de Palmira. La intención de esta deriva violenta no es otra más que la de impulsar la retórica de una narración; en este caso, la de situar la fe por encima de la razón. La historiadora reflexiona sobre lo diferente que habría sido todo en el supuesto de que se hubiese mantenido vivo el legado de Demócrito quien, hace ya más de dos mil años, defendía que la creación no debía achacarse a ninguna entidad superior, sino a la colisión y condensación de átomos de manera aleatoria. Tal vez hubiésemos tenido un Stephen Hawking mucho antes del siglo XX después de Cristo.

En definitiva, la historia nos enseña cómo se han creado espirales dialécticas en las que lo que ha importado ha sido el discurso en sí mismo, y no la base real sobre el que debería haberse sustentado. Incluso la ciencia se basa en la convención de dar validez a lo que transmiten nuestros sentidos, o los códigos numéricos que el cerebro es capaz de concebir. El materialismo mismo se fundamenta en el método científico para argumentar el significado de la verdad. Una de sus corrientes, el marxismo, especialmente a raíz de los escritos de Engels, entiende la realidad como un hecho objetivo que, más allá de las reflexiones teóricas y escolásticas, se demuestra en la práctica. El poder de la verdad se encuentra, por tanto, en su experiencia práctica, no en un razonamiento puramente teórico. En términos estrictamente marxistas, no es posible saber si no se actúa sobre el objeto que se pretende conocer. Esta idea fundamenta el materialismo dialéctico y, a partir de esta premisa, Karl Marx sitúa en el terreno práctico una verdad de destino, un horizonte deseable que obliga a actuar de una manera determinada para alcanzarlo.

Desde un punto de vista histórico, podemos entrever diversas realidades que se han visto alteradas conforme la evolución de los roles masculino y femenino. Solo esta variación debería hacernos entender que la verdad, en cuanto entidad que muta, no puede ser entendida como un absoluto. Cabría subrayar dos realidades que se han mantenido casi inalteradas a pesar de los diversos cambios ideológicos: el rol de las mujeres en la sociedad, y el papel de la propiedad como forma de dominio y poder. ¿Son estas, por tanto, construcciones sociales establecidas a partir de un imaginario, o responden a una verdad inmutable en el tiempo? ¿Estamos ante una regla inalterable como puedan serlo las leyes de Newton o las concepciones matemáticas de Gauss, o por el contrario nos hallamos frente a construcciones imaginarias fijadas en el tiempo hasta cobrar valor de ley?

Con respecto a la cuestión femenina, el británico John Stuart Mill aseguraba que la posición de dominio sobre las mujeres respondía a la necesidad de los hombres de controlar la herencia, y a la vez disfrutar de un afecto servil. Lo cierto es que la única capacidad exclusiva que poseen las mujeres es la de engendrar vida, y ninguna más de las otras características implícitas que parecen atribuírseles, siendo solo, en este último caso, convenciones estructuradas a partir de la necesidad de dominarlas.

Sobre la propiedad, la clave la aportaba y argumentaba el ilustrado francés Jean-Jacques Rousseau, quien la entendía como una de las formas de encadenar al ser humano a una construcción que atenta contra su naturaleza misma. Una visión que choca frontalmente con la organización social de la práctica totalidad de la humanidad, quien la entiende como un derecho casi inalienable de los individuos. Casi que podríamos argumentar que constituye un principio absoluto del cuerpo social, y por lo tanto jurídico en todas las organizaciones humanas.

Las ideas que hasta aquí hemos expuesto podrían hacernos pensar que nos hallamos frente a un panorama descorazonador y poco edificante. La verdad así, entendida como una sucesión de construcciones, no es más que un canto al recelo y al relativismo. Pero no se trata de eso, como veremos, sino de todo lo contrario.

Quedémonos, de momento, con una consigna que quienes se dedican a explicar historias a partir del patrón que instaura la veracidad deben tener grabada a fuego: «Solo sé que no sé nada». O, expresado con palabras más ligadas al ámbito profesional de la comunicación, las del periodista Jorge Galindo: «Saber que no se sabe es mucho mejor que creer ciegamente en algo que es falso».

El periodismo es el arte de crear realidades

El periodismo puede definirse, resumiendo o simplificando, como el oficio de consignar los hechos en un momento determinado, o de relatar fragmentos de realidad en momentos puntuales. Se ha dicho a veces que el periodista es como un notario de la realidad. ¿De la realidad? ¿De cuál?

Pronto explicaremos a qué nos referimos cuando hablamos de realidad, aplicada al caso del periodismo, aunque antes nos pararemos a determinar la importancia que ha tenido, desde el siglo XIX, en la profesión.

«El periodismo redacta el primer borrador de la historia» es la frase que sintetiza a la perfección la importancia de este oficio en el relato de los últimos dos siglos. Aquellos primeros bocetos establecieron el perfil de lo que acabaremos definiendo como la base de la memoria colectiva. De la suma de estos primeros trazos nacerá la narración «oficial» de lo que somos, de dónde venimos y a dónde vamos. Es por eso que no podemos perder de vista cuáles son las funciones del periodismo y cómo evoluciona técnicamente.

El periodista no es un narrador en sentido clásico; no es alguien que decide escribir sobre lo que piensa, imagina o ve, y trata de representarlo, con más o menos gracia, de manera literaria. Este es el trabajo de los escritores y de los creadores, de los dramaturgos, de los directores de cine, artistas plásticos y visuales, compositores y cantantes. Los periodistas no crean nada: representan, interpretan o, en todo caso, imitan.

Encuentran la inspiración en lo que han decidido que son los hechos, en lo que pasa. Por eso resulta fundamental en el periodismo dos labores que marcan su finalidad y, a la vez, establecen el resultado final: la selección y el contraste. La verdad, el sesgo o la mentira guardan bastante relación. El periodista no miente nunca. Decide apostar por unas verdades, las de los otros, y en este proceso de selección y contraste puede construir una falsedad o una verdad a medias —difícilmente una completa—, o contribuir a un relato más o menos verdadero o falaz, previamente diseñado con el objetivo de establecer o reafirmar un sistema de valores y conceptos.

Seleccionar, seleccionar, seleccionar… esta es la clave del periodismo, y este es el trabajo que hacen para definir los relatos. Se seleccionan los temas, las fuentes, la dimensión que se les da, las palabras, los sonidos y las imágenes para describirlos, e incluso a quiénes se dirigen. De la selección surge la omisión o la magnificación de un hecho, de una persona o de una historia. Del contraste surgen el tono, el color, la atmósfera y los matices.

Y para este trabajo no vale cualquier expresión narrativa. El periodismo trabaja a partir de técnicas y rutinas que lo conforman como un oficio más que como un arte. Utiliza una metodología que establece patrones sobre cómo exponer una historia, la forma en que se explican las fuentes, una morfología textual determinada según la intención del texto —lo que se denomina género—, estrategias indagatorias a través de las fuentes e incluso un uso determinado del léxico y el lenguaje. No son habilidades que tengan en cuenta solo la plasmación de historias, sino, sobre todo, el efecto que provocan en el receptor.

Un concepto clásico, y válido, es el de la pirámide invertida. Esta es justamente una de las técnicas esenciales en la exposición de las tramas narrativas que presenta el periodismo, sobre todo cuando lo que nos ofrece son noticias. Rompiendo con el modelo de la narrativa tradicional, que presenta los hechos de forma cronológica, el periodismo aplica, desde finales del siglo XIX, esta modalidad denominada homérica, que hace referencia al clásico griego autor de *La Odisea*. Este método pide una selección previa sobre qué es importante y qué irrelevante, de forma que jerarquiza un punto de vista, situando en el encabezamiento lo que parece imprescindible para desgranar la trama de lo más a lo menos relevante, en base al criterio de quien elabora y difunde la historia. Es una forma de presentar los hechos que conlleva una categorización de los elementos y, por lo tanto, una selección por anticipado. Los hechos, la realidad, no se ordenan por definición de forma alguna; *son* en su conjunto. Pero la narrativa necesita darles una forma para que sean explicados, leídos, visualizados o escuchados. Esta es una primera pista sobre la transformación de la verdad que no puede pasarnos inadvertida. En el periodismo, además, se dota de valor a aquello que se explica a partir de la forma, no solo del contenido.

Cabe destacar también otras estrategias propias del oficio, como por ejemplo el uso de la tercera persona como indicio de verdad y, a la vez, como signo válido para distinguir un punto de vista subjetivo, la opinión, de una posición neutra, la información. Marca la distancia periodística y establece un *desde dónde* y *desde quién* observamos la realidad. ¿No es acaso este un primer engaño? Contrasta con el teorema de Santo Tomás, según el cual hay que ver para creer, que tanta validez otorga a la verdad testimonial, a la cámara que enseña, al periodista que relata, al que ve, al micrófono que nos permite escuchar. Cuando el periodismo opta por esta persona, decide enseñar lo que considera óptimo para su relato, y siempre que selecciona, descarta, silencia u oscurece una parte de la realidad, da relevancia a otra. Un profesional de la información es como un escultor que no cincela nada, pero añade relieves, luces y sombras a la piedra monolítica de los hechos.

En el mundo del cine se suelen utilizar términos como por ejemplo «plano subjetivo» o «plano general», que también se emplean en el periodismo audiovisual. Un lenguaje que no se amolda bien a la realidad, puesto que cualquier plano que se elija para relatar cualquier historia nunca podrá ser objetivo, vinculándose siempre a un punto de vista y, de manera excepcional, se elegirá previamente con una intención. Para entendernos, un plano general no es menos subjetivo que uno que simule la mirada en corto de un «yo» que mira. En la creación podemos entender esta concepción como una licencia artística para diferenciar relaciones técnicas entre quien narra y quien ve, pero en periodismo resulta algo más complicado, dado que este oficio expresa información y no creación, y en el contrato con el espectador el periodista simula una neutralidad en la narración de los hechos que sabemos que es tan solo una convención.

El profesional de la información se encuentra ante una paradoja: busca la verdad en términos de objetividad a través de la subjetividad. Es decir: tiene que elegir un plan, y no otro, para mostrarnos qué nos explica. Para ello, existen distintas técnicas que establecen convenciones con las que el espectador pueda distinguir puntos de vista claramente subjetivos, de otros que marcan una distancia con el sujeto. Nada más que espejismos de objetividad y neutralidad, que abren la puerta a un uso perverso de la perspectiva, que hace pasar por una mirada desinteresada algo que en realidad es una visión calculada que se utiliza para emitir mensajes connotados.

Imaginemos una manifestación en una avenida de una gran ciudad europea o norteamericana. A un lado hay manifestantes, algunos de los cuales avanzan con la cara tapada en actitud agresiva; al otro lado, agentes de los cuerpos de seguridad parapetados con escudos y cascos, armados con porras y escopetas. Cuando empiezan los enfrentamientos, varias cámaras graban los hechos. Unas enfocan a un lado y otras a otro. En ambos casos, atendiendo a la peligrosidad de la situación, captan planos generales, aunque no enseñan exactamente lo mismo. Cuando las televisiones emiten las imágenes, no es lo mismo si enseñan unas u otras, al igual que si deciden poner primero las de los policías y después las de los manifestantes. O viceversa. Los planos son generales, y por lo tanto pretendidamente objetivos, pero no tienen las mismas connotaciones. El espectador, en función de cómo se le muestren los hechos, tendrá la impresión de que, o bien se encuentra ante una actuación represora de las fuerzas del orden, o bien ante la acción incontrolada y vandálica de unos manifestantes. En el segundo caso, puede incluso llegar a rechazar el motivo de la protesta solo por el hecho de vincularla a la violencia. ¿Quién se aproximará más a la verdad? De hecho, ¿podríamos decir que alguna de las dos percepciones es más auténtica que la otra? ¿Qué papel tiene el periodismo para que las valoremos de una manera específica?

Así pues, el periodista realiza un trabajo de relator de la verdad, que selecciona para narrarla. Llegados a este punto, surge la duda sobre cuáles son los criterios de selección que aplica. Una duda que puede ser consecuencia de suspicacias o de sencillas preguntas en las que resulta difícil que la información responda a lo intratextual de cualquiera de sus resultados. Nos gustaría creer que los periodistas, de hecho, se dedican a aplicar técnicas comunicativas para detectar lo que creen que puede ser interesante para el receptor; que detrás de su trabajo solo existe un interés relacionado con la curiosidad propia y una vocación de servicio a los demás. Querríamos pensar que los profesionales de la información quieren solo contribuir a mostrar las cosas tal y como son, para que los ciudadanos puedan tomar sus propias decisiones sobre los asuntos públicos y privados con el mejor criterio posible. En el contrato establecido entre el emisor y el receptor se esconde implícita la honestidad de la primera parte y la confianza que deposita la segunda, y los dos se rigen por el servicio a la verdad.

Ahora bien, no resultaría escandaloso afirmar que los periodistas, como de hecho todos nosotros, comunican a partir de premisas cuyo origen va más allá de nobles ideales. El contexto, las influencias, el relato personal, la pertenencia a un colectivo, la adscripción cultural o ideológica y los intereses por explicar lo que le convenga son elementos que no pueden obviarse en el trabajo de un periodista. Y tampoco —o todavía menos— el hecho de que no se trata de una actividad artesanal, sino que se imbrica en una industria con un sistema de relaciones con agentes que necesitan generar narrativas favorecedoras y que perjudiquen a terceros.

El periodismo no solo fotografía la realidad, sino que se sirve de sofisticadas técnicas de producción y consumo para persuadir, haciendo ver la realidad de una determinada manera. No obstante, no podemos obviar que la profesión responde a unos principios teóricos sin los que no sería posible la convención sobre la que se asienta el contrato social que mantiene con todos sus perceptores.

En Cataluña, por ejemplo, el Colegio de Periodistas es la entidad profesional encargada de proteger y regular los principios básicos del oficio, y los entiende como los fundamentos de su ejercicio, comprendido como la labor de transmitir los hechos que interesan o tienen que interesar a una comunidad determinada. Sus directrices aparecen recogidas en un código deontológico.

Parémonos en el primero de los criterios: «Informar de manera cuidadosa y precisa. El profesional del periodismo está comprometido con la investigación de la verdad y, consecuentemente, con la obligación de acercarse a la realidad de los acontecimientos con la máxima fidelidad posible. Los medios deben guardar siempre una clara distinción entre las informaciones y las opiniones, difundir únicamente sucesos contrastados con diligencia, y evitar la difusión de conjeturas y rumores como si fueran hechos».

Se trata de toda una declaración de principios que todo el mundo debería subscribir, aunque al menos fuera desde un plano meramente teórico. Pero todos aquellos que no ejercen el periodismo, ¿se han planteado alguna vez lo difícil que resulta seguir estas directrices? Se habla de lealtad a la verdad. ¿A qué verdad? Cuando alguien observa un hecho, sea el que sea, lleva puestas unas gafas que incorporan una telita formada por las vivencias propias, los prejuicios o juicios morales, el aprendizaje personal, la ideología, las necesidades económicas, las servidumbres, el contexto laboral, las ideas hegemónicas de su entorno profesional e incluso las lecturas que ha hecho. Esta mochila, sin duda, conforma una manera de ver el mundo y, por tanto, de aproximarse a la realidad. Es por eso que más allá de los buenos propósitos, los que tienen una larga trayectoria en el periodismo saben que los principios deontológicos no son nada más que mandamientos sometidos a múltiples excepciones e interpretaciones.

El periodista, al hacer su trabajo, sigue muchos pasos antes de relatar un hecho, sobre todo de selección y contraste, como decíamos, y es en estas dos tareas cuando la desviación por las lecturas de la realidad marca la narración final. ¿Por qué centran su atención en una cuestión y no en otra? ¿Por qué seleccionan un formato o un género, y no otro? ¿Y la elección de palabras? ¿Es inocua? ¿Tiene significado? ¿Y el contraste? ¿Las fuentes eligen al periodista o es el profesional de la comunicación el que las busca? ¿Y por qué va detrás de unas y no de otras?

Las fuentes son, precisamente, el origen de la falsedad o la mentira, y la negligencia del periodista hace el resto. En el libro *La causa del periodisme* ya explicaba cuáles son los mecanismos según los cuales se conforma lo que conocemos como «noticia» o «hecho noticiable», el intricado camino por el cual un suceso pasa a ser relevante y, por tanto, susceptible de ser un estímulo informativo.

En el trabajo periodístico ejercido en pro de la veracidad, un concepto básico es el de contraste, y la primera forma de planteárselo es dudando del interés de las fuentes para exponer cualquier hecho, y, por tanto, darle así difusión. Esta no siempre es la premisa válida, dado que las inercias periodísticas, como ya señalé en aquel libro, atribuyen una credibilidad intrínseca a determinadas fuentes, que obtienen una posición predominante y, por tanto, gozan de ventaja a la hora de fijar un relato. Esto explica que la realidad que nos ha definido durante décadas como sociedad, a partir de la selección hecha por los medios de comunicación de masas, sea la que es, y no otra. El periodista Martín Caparrós, al hablar de esta cuestión, no se muerde la lengua y afirma: «La información —tal como existe— consiste en decirle a mucha gente qué le pasa a muy poca: la que tiene poder. Decirle, pues, a muchísima gente que lo que le tiene que importar es lo que les sucede a estos poderosos. La información postula —impone— una idea del mundo: un modelo del mundo en el que estos pocos importan. Una política del mundo».

No hay que hacer un acto de fe para compartir la idea de Caparrós. Solo cabe echar un vistazo a la distribución de la información por secciones en los medios y a su jerarquización, para darse cuenta, por ejemplo, de la importancia que tienen las luchas por el poder en las secciones de política, y el valor primordial de los grandes nombres de la política mundial en las páginas de internacional. Leyendo las de las principales cabeceras, casi podríamos llegar a la conclusión de que en la inmensa mayoría de los países del globo no hay más habitantes que sus propios mandatarios. Y este mismo patrón, el de los nombres propios relacionados con el poder, es el que encontraremos en las principales portadas de los medios generalistas, o en los titulares de los informativos más relevantes de radio y televisión. Incluso a día de hoy, forman parte de los principales alicientes en los bits de los diarios digitales.

De ese modo, y volviendo al tema de la verdad, ¿cuál es la que busca el periodismo? Esta es la simple y sustancial pregunta, y la que más nos acerca a cuál es la función real de este oficio, así como cuáles son los mecanismos para encontrarla. Porque en el fondo el periodismo, que no deja de ser una actividad económica más, y por tanto permanece acechada por todo tipo de intereses, es la acción de diseñar una realidad y hacer creer que esta es la que importa, la que más se acerca a la verdad. Por eso es crucial que intervenga y se interrelacione en un ecosistema propicio y, a su vez, contribuya a alimentarlo. Aquí puede introducirse, lo cual es una cuestión recurrente desde hace décadas, el debate en torno al término propaganda. Dicho de otro modo: podemos interrogarnos sobre hasta qué punto la información es el principal vehículo para presentar como incuestionables afirmaciones coincidentes con determinados objetivos políticos, sociales o económicos.

No cabe adentrarse mucho en la historia para encontrar ejemplos de hasta qué punto los regímenes totalitarios han intentado ejercer el control sobre la información, a partir precisamente de un diseño de la verdad. Recordemos un caso flagrante. El régimen de la URSS dispuso de un instrumento periodístico de primera magnitud; un diario casi único, vinculado al Comité Central del Partido Comunista, entre los años 1918 y 1991, llamado *Pravda*. Resulta elocuente conocer el significado de esta palabra: «Verdad». Un medio que, ya en su misma cabecera, se autoconcedía la visión correcta del mundo.

Pero tal vez sea un ejemplo demasiado explícito ante el que no cabe ninguna duda, por lo que creo necesario que analicemos si esta manera de proceder es propia solamente de los regímenes totalitarios.

El periodismo, allá donde la libertad de expresión e información es un derecho fundamental, ¿es inmune a comportamientos de este tipo? Para responder a esta pregunta, solo hay que estudiar el funcionamiento de la industria de la comunicación y la información en los modelos imperantes en Occidente: las democracias liberales.

En 1946, George Orwell afirmaba, con palabras que ochenta años después todavía podríamos suscribir sin rubor: «Cuando uno constata la esquizofrenia [que Orwell definía como la capacidad de dar por buenas sentencias que se contradicen con los hechos evidentes] que impera en las sociedades democráticas, las mentiras que se esparcen con propósitos electorales, el silencio sobre cuestiones importantes o las distorsiones en los medios, se siente tentado a creer que los países totalitarios están mucho menos afectados por las tonterías, y que en ellos se afrontan mejor los hechos. Al menos sus élites no dependen del favor popular, pudiendo decir la verdad brutalmente y sin adornos. Aun así, con todo, la realidad se oculta de manera parecida en todos lados, y las consecuencias son muy similares».

¿Y quién se encarga de redefinir esta realidad? Los medios de comunicación. Acostumbran a ser grandes corporaciones, ya sean públicas o privadas, que se rigen a partir de un modelo según el cual llevan a cabo su actividad con los recursos a su alcance para esparcir sus mensajes de manera masiva. Para ello requieren de ingentes cantidades de dinero, que en muchos casos no son capaces de generar por sí mismos. Y la clave está aquí. ¿Quién paga las inversiones necesarias para sostenerlos? ¿A qué intereses responden? ¿Qué esperan recibir a cambio los que los mantienen? Si aceptamos que hay intereses, ¿no sería lícito pensar que los que inviertan capital lo harán para obtener un beneficio?

Tendemos a pensar en términos de liberalismo económico, y nos da la sensación de que estos intereses son solo de carácter económico. Pero los beneficios pueden ser indirectos. Cuando alguien decide apostar por un intangible, como por ejemplo la información, quizás lo que intenta no es sacar solo rédito económico, sino controlar el relato para que en su campo reine un clima de tolerancia y bendición, necesario para prosperar sin trabas ni suspicacias. Crear un relato favorable puede ser la mejor forma de establecer, por ejemplo, situaciones aceptables y aceptadas de privilegio.

En Europa existe otra circunstancia que hace todavía más evidente la coincidencia de intereses entre los poderes económico y político, y es la elevadísima endogamia entre ambos sectores, y las complicidades de unos sistemas basados en la gestión privada de lo que se concibe como un bien público. La mayor parte de los medios de comunicación son propiedad licitada por las administraciones, sobre todo en el caso de los entes audiovisuales, o reciben suculentas subvenciones para elaborar los discursos. Son ayudas, en teoría, para favorecer el bien de preservar —la información—, aunque nadie ignora que la relación económica establece unos lazos que trascienden la simple obligación moral de los poderes.

Sin embargo, en los Estados democráticos estas relaciones tienen que justificarse. Deben estar expuestas a fiscalización, aunque sea aparente, para hacer partícipes a los ciudadanos y a sus representantes de la dirección del gasto público. Es por eso que en las sociedades denominadas libres, en las que los ciudadanos disponen de varias formas de acceder a la información y a sus versiones, generar verdades no resulta tan sencillo, y las técnicas de creación de relatos interesados han de ser más sutiles que donde impera la arbitrariedad y el totalitarismo. Hacen falta argucias mucho más elaboradas que allá donde los ciudadanos no disponen de libertad.

En los actuales Estados liberales, definidos no tanto por la libre competencia como por lo que algunos pensadores denominan el capitalismo de estado, el poder político es la bestia sobre la que cabalga cualquier interés en el relato. Los grandes medios, como decíamos, establecen relaciones cómplices y prácticamente de endogamia con este poder, que les hace plantearse el discurso en base a la confluencia de intereses. Cabe entender cuál es la titularidad de los medios y cuáles las complicidades y relaciones que mantienen con el poder político, para entender que la coincidencia entre discursos y agendas mediáticas no son mera casualidad.

Un buen ejemplo de una de estas técnicas, en este caso bastante torpe, empleada para diseñar un relato favorable a los postulados de un poder concreto la pusieron de manifiesto los profesionales de Radio Televisión Española a través de un *hashtag* en X —anterior Twitter— a finales de abril del 2018: *#Asísemanipula*. La iniciativa surgió de varias periodistas hartas de lo que consideraban una injerencia excesiva de los jefes de la redacción del ente público en el contenido y la forma de las informaciones emitidas.

Veamos unos cuantos casos de estas denuncias englobadas bajo el mencionado *hashtag*, que ponen de manifiesto las muchas maneras de exponer la realidad de un modo parcial, a fin de conformar discursos falsos o inexactos. Comprobaremos que no hace falta inventarse nada para exponer una realidad falseada, cosa que queda más que clara con lo que se denunciaba a raíz de esta iniciativa, que empezaba con la publicación de este tuit:

> *«Hoy iniciamos desde aquí una campaña para denunciar la manipulación en RTVE. Y se hace con el dinero de todos nosotros. No somos cómplices y nos negamos a aceptarlo. ¿Queréis saber cómo se tergiversa la información?».*
>
> Y, a partir de aquí, un primer ejemplo:
>
> *«Cuando te dispones a escribir la noticia de política del* Telediario *y al abrir el minutaje te encuentras con las anotaciones de la editora sobre quién tiene que aparecer en esta información y qué parte de su intervención interesa».*
>
> Y un segundo:
>
> *«Cuando una protesta ciudadana solo tiene cabida en el minutaje del* Telediario *"si hay disturbios", y en el supuesto de que sea así tampoco hay que explicar los motivos de la protesta».*
>
> Y un tercero:
>
> *«Cuando la información relativa a la corrupción que afecta al gobierno se emite tarde y en un breve de veinte segundos, y la que afecta a otros partidos políticos se magnifica con directos, piezas, y grandes despliegues».*

Pero no siempre la mentira o el engaño vienen determinados por una intencionalidad; a veces simplemente lo están por una inexactitud, por negligencia, omisión o incompetencia. Otra cosa es que estas últimas características sean inducidas por unas rutinas de producción que favorezcan que los relatos se construyan parcial o directamente sin contrastar. Caso en el que deberemos preguntarnos si el interés por favorecer escenarios de trabajo precarios que puedan generar una absoluta falta de rigor es consecuencia de la carencia de recursos o de algún interés más espurio y/o perverso.

Sin embargo, más allá de ser errores más o menos comprobables, intencionados o no, gran parte del relato periodístico se fundamenta de manera directa en la retórica. Es decir: la técnica discursiva con la que forzar los argumentos a partir de los intrincados caminos de la lógica, con el fin de llevarlos hacia un destino concreto.

En este contexto, el texto periodístico, convertido en herramienta retórica, resalta la capacidad del oficio a la hora de aplicar técnicas del lenguaje que conviertan una aparente descripción de hechos que debería ser inopinable, en una nebulosa literaria en forma de caleidoscopio. Dicho de otra manera, el periodismo no actúa como una simple traslación de los hechos, sino que los representa, convirtiéndolos en elementos dúctiles, maleables y, por tanto, a merced de la voluntad de quien los manipula a fin de darles una interpretación u otra.

Hay quien podría acusarnos de relativistas a partir de la afirmación de que el periodismo, más que mostrar, interpreta. Y, ciertamente, este es el terreno en el que nos movemos. Es verdad que, para un profesional de la información, no resulta muy difícil describir hechos como, por ejemplo, un atropello mortal con víctimas. Tomando declaraciones a testigos, quizá con imágenes, tal vez peinando el terreno del suceso... Con estos sencillos ingredientes, un buen periodista podría hacerse una composición del lugar bastante exacta de lo acontecido. Convengamos pues que es posible aproximarse fidedignamente a la realidad, y enhebrar un relato verosímil y sólido que se ajuste de manera razonable a la verdad.

Lo mismo sucede con un robo, con la aprobación de una ley o de unos presupuestos... pero hay hechos que no están dotados de esta tangibilidad. Será necesario, por ejemplo, explicar a quién beneficia o a quién perjudica la mencionada ley o presupuestos. En este caso, el periodista deberá situarse en el cenagoso terreno de tener que elegir entre unos u otros.

Un ejemplo todavía más claro: ¿por qué encontramos en los medios de comunicación la nomenclatura tradicional para diferenciar a los partidos de izquierdas de los de derechas? ¿Responden a alguna realidad política propia de nuestro siglo? Son etiquetas que persisten a día de hoy, que buscan definirnos una realidad que contemple diferentes espectros ideológicos, a pesar de que hay quien podría pensar que la homogeneidad entre los partidos clásicos es cada vez mayor. ¿Existe algún marcador objetivo que sirva para diferenciar nítidamente a los partidos socialdemócratas de los democristianos? ¿Acaso estas formaciones no se mueven en unos parámetros políticos que traspasan el terreno de lo factual, situándonos en una realidad construida?

Ya hemos advertido que en las ciencias sociales los valores no son absolutos, y que todo está expuesto a la interpretación. Al trasladar esta idea al periodismo, este hecho se agrava y toma un cariz muy distinto.

Las ciencias sociales investigan sobre hechos que nos afectan a todos y que guardan relevancia con nuestra organización colectiva. Están abiertos, pues, a especulaciones e hipótesis. Pero el periodismo no, pues lo concebimos como un oficio que busca acercarnos los hechos con fidelidad. He aquí el problema. Resulta complicado aproximarse a realidades interpretables, discutidas y discutibles, partiendo de conceptos etéreos como por ejemplo la libertad, la democracia, la igualdad o, como decíamos, derecha e izquierda —si es que no hablamos de ubicaciones geográficas, claro—. Cuando el periodismo juega en este universo pierde su valor como relator de la actualidad, y pasa a trabajar al dictado de los intereses de las distintas corrientes de pensamiento que tratan de situarnos en una realidad determinada. Los valores prefijados, los prejuicios y los juicios previos pasan a ser la materia sustancial de este *periodismo*, que hace que la realidad pase de un estado sólido a uno líquido, y en algunos casos, incluso, gaseoso.

Llegados a este punto, cabe que nos detengamos a valorar las reflexiones que hizo Hannah Arendt sobre esta cuestión. En uno de sus más iluminadores ensayos sobre el discurso político, *Verdad y mentira en la política*, diferencia entre verdad racional y verdad factual, mucho más sometida a la manipulación. Cuando un hecho se convierte en opinión abandona su naturaleza factual y pasa a convertirse en algo mucho más manejable. Si lo trasladamos al periodismo actual, podemos afirmar sin temor a equivocarnos que la profesión ha dejado de lado parcialmente la descripción de los hechos centrándose en la opinión, y los presenta al receptor como si se tratasen de elementos factuales: «La dominación —empleando terminología hobbesiana— excede su dominio, por así decirlo, cuando ataca la verdad racional, mientras que planta batalla en su propio terreno al falsificar los hechos o alejarse de ellos. Las posibilidades de que la realidad factual sobreviva al ataque del poder son de hecho muy reducidas, pues corre continuamente el riesgo de que la descabalguen del mundo no ya por un tiempo, sino para siempre. Los hechos son mucho más frágiles que los axiomas, los descubrimientos o las teorías, incluyendo las más especulativas que produce la mente humana; discurren por el terreno de los asuntos siempre cambiantes de los hombres, en cuyo flujo no hay nada más permanente que la presunta y relativa permanencia de la estructura mental humana. Una vez perdidos, ningún esfuerzo racional puede traerlos de vuelta. Tal vez, las posibilidades de que las matemáticas euclídeas o la teoría de la relatividad de Einstein —no digamos ya la filosofía platónica— se hubieran reproducido con el paso del tiempo si sus autores no hubiesen podido transmitirlas a la posteridad tampoco sean muchas, pero son, sin duda, más grandes que las posibilidades de que un hecho de importancia, olvidado o más bien deformado, sea redescubierto un día».

Son palabras que la brillante pensadora alemana, célebre por sus análisis sobre la construcción discursiva de los totalitarismos, nos legó para que pudiésemos entender unos mecanismos en boga en pleno siglo XX, sobre el papel de las ciencias sociales y su función en nuestra comprensión del mundo. Unos mecanismos que incluyen lo que se definió como la reescritura de la historia o las verdades alternativas, propias, hasta el día de hoy, de estas disciplinas.

En contextos polarizados en los que la historia se convierte en el fundamento que justifica las ideologías y corrientes identitarias, estos mecanismos son el pan nuestro de cada día. En los países donde ha habido que afirmar una identidad frente a otra, por ejemplo, los defensores de cada uno de los colectivos en disputa han buscado con ahínco razones históricas que justificasen el enfrentamiento, no fuera que les pasase como a los comunistas dogmáticos, siempre al borde de la disputa interna por cuestiones irrelevantes que, según pensaban, podían traicionar sus ideales y que, con el paso del tiempo, cuando se reencontraban, solo recordaban estar enfadados entre sí, pero no el motivo. Una cuestión que las nacionalismos tienen más que resuelta. La historia, impresa sobre piedra, les sirve como recordatorio de sus horizontes y de los motivos que los enfrentan a sus enemigos, responsables últimos de todas sus frustraciones, y culpables de que no consigan alcanzar sus objetivos. Esto hace imprescindible un relato que los reafirme en su creencia, que parapetada tras el sólido, imperturbable y monolítico edificio de la historia, resulta cuanto menos legítima. Y es que, la legitimidad histórica se encuentra tras la inmensa mayoría de las disputas territoriales o identitarias en el mundo contemporáneo.

Cataluña es un excelente ejemplo de cómo la lucha dialéctica sirve para alcanzar el dominio del relato histórico hegemónico que ayuda a explicar y justificar los diversos movimientos políticos. Su historia se encuentra sometida a una permanente revisión, que busca colonizar las mentes con argumentos historicistas, y dirigir así la cultura del país. En este sentido, la relevancia de la terminología épica que atesta los discursos políticos y acaba reflejada en las portadas de los principales periódicos, las tertulias radiofónicas e incluso los documentales televisivos, es la base de los argumentos de la inmensa mayoría de doctrinas políticas desde que se restableció la democracia en 1978. La llamada cuestión territorial se fundamenta en una lista de agravios contenidos en la propia historia. Resulta iluminador acercarse a una bibliografía sobre la cuestión lo más plural posible, a fin de analizar la cruenta batalla que día a día se libra en este campo por establecer una hegemonía interpretativa que resuelva el conflicto.

Una muestra clara de este proceder puede advertirse con facilidad repasando parte de la bibliografía sobre la Guerra de Sucesión, en especial aquella dedicada a los sucesos de 1714. Hay versiones para todos los gustos, que pasan desde considerar a Cataluña un país prácticamente independiente antes del 11 de septiembre de aquel año, que a partir de entonces se vio abocado a la miseria por la pérdida de libertades, el castigo permanente y la sumisión a la corona castellana, hasta las que la entienden como una tierra de oportunistas que trataron de sacar el mayor rédito posible de las luchas dinásticas. Hay incluso historiadores que aseguran que la riqueza de Cataluña se debe, en buena parte, a la implantación de los Decretos de Nueva Planta por parte de Felipe V,[1] permitiendo así la aparición de *indianos* que harían su fortuna en las Américas.

---

1 Conjunto de decretos promulgados por Felipe V entre 1707 y 1716, fruto de la victoria del bando borbónico frente al austracista en la Guerra de Sucesión Española, que supuso la abolición de las leyes e instituciones propias de los distintos reinos que conformaban la Corona de Aragón: el Reino de Valencia, el Reino de Aragón, el Reino de Mallorca y el Principado de Cataluña *[N. del T.]*.

Es bastante sencillo deducir qué versión ha quedado fijada en el imaginario colectivo de una mayor parte de la población, y por cuál de ellas han apostado las instituciones de forma nítida y clara. En pleno siglo XXI, es muy evidente cuál de las dos interpretaciones se ha convertido en el relato oficial.

Los medios de comunicación, con su estrategia del gota a gota diario, se han convertido, tanto a un lado como al otro, en las correas de transmisión de este espíritu colonizador, y de este modo de tratar de condicionar la visión que los catalanes tienen de su realidad. El periodismo es la pluma persistente que a base de repetir una realidad a diario ha acabado fijando una historia colectiva concreta. Después, los historiadores darán la forma definitiva, esculpiendo sobre la ya mencionada piedra un relato que se ajuste a la concepción que haya logrado dominar.

Solo hay que recordar la lucha encarnizada entre periodistas a la hora de imponer la terminología sobre el encarcelamiento de los políticos acusados de rebelión por el referéndum del 1 de octubre del 2017. ¿Presos políticos o políticos presos? Se trataba de convertir la realidad en un debate permanente sobre los hechos, que inclinara la balanza de las responsabilidades, y a la vez justificara los procesos políticos de cada uno de los bandos. Traduzcámoslo para que se entienda: asumir que los reclusos eran presos políticos suponía aceptar que se hallaban frente a un régimen opresor y autoritario, justificando el proyecto rupturista y todas y cada una de las acciones llevadas a cabo. En cambio, dar por bueno que habían cometido un delito suponía avalar el comportamiento del proyecto uniformizador al que pretendían enfrentarse, considerándolos casi unos golpistas y, por tanto, justificaba la acusación de rebelión y su estatus como líderes violentos.

Se trata de un caso evidente que demuestra cómo el periodismo y la comunicación se convierten en la primera pieza del puzle a la hora de establecer en la historia una valoración u otra. Las generaciones venideras tendrán en cuenta cómo les llega esta explicación desde el hoy a la hora de tomar decisiones políticas en el mañana, y para hacerse una idea del país en el que viven.

No sabemos cuáles habrían sido las crónicas periodísticas de la Guerra de Sucesión en Cataluña, pero sí sabemos que hoy una parte de la historiografía la presenta casi como una guerra de España contra Cataluña, mientras que otra la considera una guerra civil en España con unos episodios sangrientos de resistencia en Cataluña.

Frente a esta situación, el periodista ya sabe que está haciendo algo más que simplemente consignar los hechos. Les está dando un color, un tono, una vibración que, en función del éxito que tenga y del relato del que participe, formará parte de un saber colectivo del que los ciudadanos echarán mano a la hora de tomar sus decisiones.

Es en este punto cuando debemos reflexionar sobre la verdad a la que sirve el periodismo, y hasta qué punto no participa más de una estrategia de propaganda, entendida como una definición interesada de la historia más que como un servicio público. Tal vez por ello la periodista Leila Guerriero tomaba todas las precauciones habidas y por haber con esta sentencia: «Antes de seguir, conviene recordar que el periodismo no es una herramienta de evangelización ni un órgano de propaganda y que, en todo caso, cuando pierde su mirada crítica, deja de ser periodismo. Y esta es la parte difícil, porque implica abandonar un cauce confortable y seguro llamado "corrección política", al que este oficio debería inflar a patadas».

Guerriero nos exhorta a ejercer el periodismo con espíritu crítico, pero nos recuerda un elemento sin el que no podríamos entender ninguna acción humana. Los periodistas trabajan en un contexto a partir del cual elaboran sus mensajes. Un periodista no es un ser superior abstraído de su entorno, y mucho menos de sus posibilidades de supervivencia. Ocupa lo que Guerriero denomina una zona de confort. La capacidad que tenga para quebrar este sistema es lo que determinará el tipo de perodismo que hará.

Y precisamente del entorno habla otro periodista, con una sentencia que sintetiza a la perfección lo que decíamos. Guillem Martínez manifestaba en Twitter el 9 de febrero de 2018: «Lo primero que necesitas para engañar a una sociedad es una sociedad con la firme voluntad de ser engañada».

De ese modo, es trabajo de los comunicadores detectar esta firme voluntad y proceder a definir el engaño. O, siguiendo los términos de lo que hemos ido perfilando, dibujar la realidad que les convenga a partir de lo que sabemos que será bien recibido. Y en esta labor —por eso la sentencia viene de un periodista— juegan un papel clave los medios de masas.

Desde hace mucho tiempo este ha sido el instrumento que han usado los poderes para tratar de reafirmar unos valores que les sirviesen a través de los hechos, y que correctamente transmitidos fuesen útiles para mantener unas tesis favorables al *statu quo*. En las sociedades analfabetas esto se hacía en las sacristías, desde donde se pontificaban unos valores que consolidaban, por ejemplo, el sistema estratificado de las sociedades feudales. En entornos alfabetizados, y por tanto con mayor capacidad de acceso a la información, este trabajo se esculpe desde las redacciones. Solo cabe acercarse a las páginas de economía de cualquier diario generalista para advertir que no existe mejor manera de reafirmar el capitalismo liberal que a través de sus titulares y de los temas escogidos. El periodista polaco Ryszard Kapuściński sentenció: «Cuando se descubrió que la información era un negocio, la verdad dejó de ser importante». Se trata de una reflexión escrita antes de internet y las redes sociales, que han amplificado el concepto hasta convertir en negocio a las propias mentiras —dependiendo del éxito que tengan—; aquello que actualmente conocemos según el anglicismo *fake news*. Podríamos decir que el negocio de la comunicación hoy en día está en la capacidad de convertir los hechos en opiniones. O, dicho de otra manera, en amplificar lo máximo posible las mentiras o las realidades convenientes. Así lo resume el periodista Manu Bravo: «El problema es la crisis general de valores, el "todo vale" con tal de publicar y vender. Aún peor: todo vale por disfrutar de un breve momento de gloria, o recibir cien *likes* en Twitter». Se trata de la versión moderna de aquello de que la realidad no debe estropear un buen titular.

Una de las principales características de la comunicación en red no es la afinidad con la verdad, sino con postulados preconcebidos que se leen como información, pero que en realidad se basan en criterios de satisfacción que nutren nuestros menús informativos. Del mismo modo que en un restaurante pedimos la carta para elegir los platos que nos apetece comer, el consumo a la carta que nos ofrecen las redes sociales o las plataformas digitales satisface nuestro gusto a partir de un criterio basado en el placer y no en la verdad o las ganas de saber.

Se impone, pues, un consumo de información fundamentado más en qué nos gusta leer o escuchar que no en el acercamiento a la verdad.

Volvamos de nuevo a la filósofa Hannah Arendt, quien ya hablaba de este mecanismo en su ya citado tratado *Verdad y mentira en la política*, publicado en los años setenta a raíz de la filtración de documentos del Pentágono. Escribía unas líneas que, décadas después, no solo se mantienen vigentes, sino que han ganado una fuerza inusitada: «Las mentiras resultan a menudo mucho más verosímiles y atractivas para la razón que la propia realidad, porque quien miente parte con la gran ventaja de conocer por adelantado lo que su audiencia quiere o espera escuchar. Ha preparado el relato para el consumo público, esforzándose por que cada detalle resulte creíble, mientras que la realidad tiene la desconcertante costumbre de enfrentarnos con lo inesperado, con aquello para lo que no estamos preparados».

Si Arendt escribía esto hace más de cuarenta años, ¿qué diría ahora? Para entender cómo el fenómeno de la propaganda se ha multiplicado exponencialmente a través de las tecnologías surgidas a principios de este siglo, cabe que ahondemos con algo más de detalle en la materia. Los principales criterios por los cuales se construye el nuevo discurso en los medios de comunicación en red, a partir de las posibilidades de consumo derivadas de internet, son la inmediatez, la abundancia, la interacción y, a partir de esta última, la afinidad, que por definición tiene más que ver con los estímulos emocionales que con los racionales. Esta última característica es la que mejor alimenta un cambio de eje sobre el que pivota la información. Se pasa de la presunta objetividad a la subjetividad del yo, que es la que activa el mecanismo de satisfacción. Se trata de un criterio que, poco a poco, ha ido contaminando toda la industria de la actualidad, y que explica el sesgo cada vez más impúdico de las cabeceras de los diarios, de las emisoras de radio y de las cadenas de televisión. Hoy el periodismo prefiere lectores afines a lectores críticos, y valora más a los que asienten que a los que se sorprenden.

El ciberactivista Eli Pariser lo explica mediante el concepto del filtro de la burbuja. La definición de este término guarda relación con el nuevo consumo de contenidos y la posibilidad, como explica el sociólogo y economista Jeremy Rifkin, de que los dispositivos que nosotros usamos para leer nos lean a nosotros. El cambio más grande que aportan las nuevas tecnologías no es solo la interacción directa entre el emisor y el receptor, sino la posibilidad de que el emisor obtenga un ilimitado número de datos sobre los receptores.

Pariser define así, a partir de esta posibilidad, su propia burbuja cognitiva, que es el resultado de un menú personalizado en el que el algoritmo ha seleccionado previamente a través de predicciones, la información que le gustaría *consumir,* a partir del rastro que ha ido dejando en internet, ya sea en su localización, su historial de búsqueda o los elementos sobre los que hizo clic. Esto genera el aislamiento de las noticias que no comulgan con el punto de vista previo del usuario, presentándole una realidad que coincide plenamente con su pensamiento o ideología. Lo que se conoce como la creación de realidades paralelas, aquellas que forman comunidades o grupos que nunca coincidirán; también entendido como comunicación en burbujas, que en cierto modo acaba con la concepción de la información como un elemento de cohesión e interrelación en la gestión de lo que nos incumbe a todos.

La comunicación de masas nos trata a partir del criterio de una verdad para todo el mundo; una realidad común. Esta nueva formulación, en cambio, nos considera a partir de la individualidad, parcelando esta verdad. ¿Se pueden tener distintas verdades? Y, llegados al extremo, ¿puede tener cada cual la suya particular? ¿Es esto compatible con el concepto mismo de verdad?

Este cambio resulta estructural también en la concepción de la realidad, y por tanto en la definición de la verdad. Los hechos se tornan evaluables y opinables, lo que los sitúa en un plano absolutamente distinto al de la descripción anterior, pretendida por la comunicación tradicional. En este contexto, la comunicación se convierte en un ingrediente más de la cultura, entendida como un discurso que pretende hacerse hegemónico y que coloniza cada una de nuestras decisiones como comunidad, a partir de una cosmovisión con objetivos determinados por los grupos que quieren hacerse con el poder. Es decir: alcanzar la capacidad de decisión sobre los recursos desde las políticas públicas o, en otras palabras, la autoridad para definir los intereses comunes según su conveniencia.

En los últimos años, con el enorme crecimiento de la información, más como elemento para la creación de hegemonías que como servicio a la colectividad, se ha hablado mucho de cómo incide la mentira en nuestras vidas.

No se entendería el ascenso de corrientes políticas extremistas, tanto en Europa como en Estados Unidos, sin esta estrategia. En Cataluña, el Procés, puesto en marcha en 2012, es un ejemplo bastante elocuente.

Resulta indudable que desde un punto de vista retórico, discursivo y, por lo tanto, del relato, se puede calificar como de éxito. Sin embargo, la importancia de este movimiento político no solo debe valorarse por lo que explicarán los historiadores y los politólogos —todo ello filtrado por el relato que haya sido capaz de imponerse—, sino por cómo se diseñó la realidad en Cataluña durante una década y con qué finalidad. En este sentido, es muy recomendable recordar las palabras del periodista Sergi Picazo, quien el 12 de abril de 2018 escribía unas palabras en *Jornada*, un diario nacido unos días antes en el contexto de la investidura del tercer presidente del Procés, Quim Torra, tras varios intentos por parte de distintos candidatos a los que la justicia española había impedido acceder al cargo por su implicación en diversos procesos judiciales relacionados con el referéndum de octubre de 2017. Decían así: «Ni ERC ni las CUP —o, si abrimos el foco, ni los comunes ni los movimientos sociales— han logrado imponerse al relato neoconvergente. A pesar de las promesas del Procés, que han acabado demostrándose falsas, cabe ir más allá y preguntarse por qué el entorno convergente logra imponer su marco mental, sus ritmos y sus tesis. La izquierda tiene un problema en Cataluña: puede que gobierne, pero no tiene la hegemonía cultural. Las razones del dominio convergente en la Cataluña contemporánea van desde la fuerza de la tradición nacionalista o la crisis de la izquierda en Europa, hasta el auge de los valores neoliberales y la herencia del pujolismo. Pero, en la construcción del poder, los medios de comunicación tienen un papel clave. Como diría Manuel Castells: "Los medios de comunicación no son el cuarto poder. Son más importantes: son el espacio donde el poder se crea"».

Tanto Picazo como Castells hablan de la importancia del relato a la hora de explicar uno de los episodios históricos más convulsos y extraños de la historia de Cataluña y probablemente de Europa. Y fijémonos cómo los dos ponen el foco en los medios de comunicación, en el periodismo, como agentes culturales capaces de crear relatos base para la estructura de los edificios que apuntalan la tradición cultural.

En estos tiempos en los que se debate sobre las *fake news* y la posverdad y en los que se tiene la impresión de que las mentiras nacieron con las redes sociales e internet, queremos demostrar que la verdad y el modo de transmitirla ha sido un debate recurrente, ya que muy probablemente la mentira, la manipulación y la distorsión de la realidad nacieron con la misma comunicación.

La comunicación no es un hecho neutro. No puede concebirse sin intenciones, y por ello la realidad es moldeable según cuáles sean estas. La intención marca el mensaje, las palabras escogidas, y también el tono, la forma y la estructura de lo que se explica. En la intención se esconde el engaño, la mentira, la verdad a medias, o parcial, o interesada, o difuminada, o dolorosa o placentera cuando así se busca.

Los hechos no tienen ni adjetivos ni objetivos. No tienen moral ni intención, ni persiguen nada en su naturaleza intrínseca. Sin embargo, el discurso, el relato, lo que se explica, está lleno de moral, de prejuicios o juicios previos, de miradas concretas, de intereses confesos u ocultos, conscientes o inconscientes... y en esto se basa la comunicación.

En este sentido, el periodismo, que no es una forma cualquiera de transmisión de información, establece un contrato social que compromete al emisor con el receptor. El periodismo, y por tanto los medios de comunicación, están obligados a respetar el cumplimiento de unas cláusulas según las cuales se da por hecho que la realidad o la verdad no son relativas, sino que están fundamentadas en unos hechos. Por tanto, desde esta mirada contractual, el trabajo de los que lo obedecen consiste en seleccionar y contrastar.

Es una pieza clave de una convención según la cual lo que se relata está ligado al reconocimiento de una cosmovisión compartida sin la que sería imposible que nos entendiéramos, y que pasa por admitir que lo que se explica no es ficción o fabulación, sino hechos constatables en una realidad consensuada.

Con internet, en todo caso, lo que se ha dado ha sido un cambio en algunas de las cláusulas del contrato social, porque en las redes no solo hay información, sino, de manera predominante, comunicación. La comunicación no está sometida a las exigencias contractuales de la información, abrcando también el rumor, la anécdota o la fabulación. Cuando se ejerce el periodismo en este inmenso maremágnum llamado internet, y se deja contaminar por un flujo sin controles ni regulaciones, es cuando el contrato tradicional se quiebra. Y sobre todo cuando, por contagio, lo que debería ser un estilo propio del lenguaje de internet traspasa la barrera del ámbito propiamente dicho y *salta* a un medio tradicional. Es en este momento cuando la comunicación en las redes toma cuerpo y naturaleza de noticia presuntamente contrastada, haciendo crecer aún más la confusión.

La retroalimentación es algo propio de los medios de comunicación a lo largo de toda su historia. La prensa escrita se ha mezclado con la radio y a la inversa, esta última con la televisión de forma bilateral, los periódicos con el audivisual... No obstante, era una retroalimentación que se producía entre entes de naturaleza similar y, sobre todo, con unas mismas reglas del juego. Al incluirse en esta interacción a las redes sociales y a internet algún eslabón se ha roto, ya que en la nube no existen las reglas de antaño, existiendo la posibilidad de abrirnos un hueco a golpe de viralidad.

Internet ha roto la convención según la cual todo lo que se ofrecía como información se hacía en base a unos cánones de rigor. Una convención probablemente perversa y permeable a la falsedad y a la invención, pero al fin y al cabo, y como mínimo, sometida a un contrato de fidelidad y lealtad a la realidad narrada. Las redes no se sirven de esta relación. Terreno en el que florecen las *fake news*.

Resulta pertinente ahora recuperar el concepto de Friedrich Nietzsche sobre la verdad. El pensador alemán afirma que no es nada más que una convención arbitraria que tiene como objetivo la consecución de la felicidad. Mantiene que el hombre es indiferente a la verdad y que lo que hace es conceptualizarla para poder fabricarse un universo seguro de bienestar. Así, la verdad no es abarcable, pero sí recomendable como convención.

Siguiendo este precepto, son muchos los teóricos que han visto en la verdad el más potente de los contratos entre hombres y mujeres a la hora de vivir en sociedad. Sin ella sería imposible la confianza y la construcción de relaciones entre los individuos. No sería factible, en suma, la vida en sociedad. La realidad es el cimiento sobre el que se articula la relación entre seres para progresar y crecer. Etimológicamente, verdad [*truth*] y confianza [*trust*] nos muestran la proximidad de los dos conceptos en inglés. Así pues, sin verdad no hay confianza y, por lo tanto, tampoco posibilidad de establecer relaciones. La verdad no es ni más ni menos que el pegamento que posibilita la confianza. En la medida en que se manipula, se tergiversa o se maquilla, puede hacérsele perder su valía y, por tanto, dar al traste con un elemento consustancial para la vida en sociedad.

Uno de los pensadores que con mayor vehemencia defiende la vigencia de la verdad como concepto es Harry G. Frankfurt. Escribe: «Los hechos relevantes son lo que son más allá de lo que podamos creer acerca de ellos, y con independencia de lo que podamos desear sobre ellos. Esta es, realmente, la esencia y la naturaleza característica de lo fáctico, del ser real: las propiedades de la realidad, y en consecuencia, las verdades sobre sus propiedades son lo que son, con independencia de la intervención directa o inmediata de nuestra voluntad. No podemos cambiar los hechos, como tampoco podemos influir en su verdad, por el simple hecho de emitir un juicio o por un impulso de deseo».

Frankfurt propone esta definición de la verdad en un tratado, *Sobre la verdad,* en el que vierte todos sus esfuerzos en la defensa del valor y la entidad de esta categoría frente al posmodernismo relativista, que duda de la importancia de la realidad y de la diferencia entre lo verdadero y lo falso. Para el filósofo, no se entendería ninguna sociedad civilizada sin unos parámetros nítidos de verdad y el reconocimiento de su existencia. Es un instrumento útil para vivir y sobrevivir, así como un objeto de amor, en palabras del neerlandés Baruch Spinoza.

Frankfurt defiende que sin verdad no hay racionalidad posible, y que esta solo se puede aplicar a partir de hechos verdaderos, porque aplicarla sobre máximas no contrastables se torna un ejercicio retórico vacío y sin sentido alguno. Y acaba con esta sentencia sobre la necesidad de reconocer la verdad y sobre la importancia de admitir la realidad: «Así el reconocimiento y comprensión de nuestra identidad surge, y depende íntegramente, de la apreciación que tenemos de una realidad que, de manera inexorable, es independiente de nosotros. En otras palabras, surge y depende de que seamos capaces de reconocer que existen hechos y verdades sobre los cuales no podemos pretender ejercer un control directo o inmediato. Si estos hechos o realidades no existieran, si el mundo —invariablemente, y para nuestra tranquilidad— llegara a ser lo que nos gustara, no seríamos capaces de apreciar ninguna diferencia entre nosotros y lo que es diferente a nosotros, y no tendríamos ni idea de lo que es cada cual de manera particular». El pensador, en su definición, nos da la clave de hasta qué punto la verdad se convierte en una función.

Al principio de este ensayo explicábamos la necesidad de los hombres de explicarnos a nosotros mismos. Es decir: de crear identidades que justifiquen todo lo que pensamos y todo lo que hacemos. El periodismo, actual narrador de la realidad, ejerce la función de dotarnos de identidad como seres humanos históricos. A saber: partícipes de un futuro común en entornos políticos, sociales, geográficos, culturales, étnicos, religiosos, económicos y artísticos concretos. Los periódicos, las radios, las televisiones, y ahora también las redes, nos recuerdan a diario que formamos parte de muchas identidades y de una historia colectiva, y nos proponen una serie de hechos que nos sirven para reconocernos.

¿Es internet una fábrica de mentiras?

La eclosión de internet ha creado un nuevo paradigma de la información. Muy a menudo, es el ámbito en el que se mueven con comodidad, y con bastante éxito, voces apocalípticas que nos quieren hacer creer que nuestro día a día se encuentra en manos poco menos que del demonio.

Como suele ocurrir con cada nuevo avance tecnológico en la historia, mucha gente ha querido estigmatizarlo. Al igual que ya sucediese con la imprenta en su momento, o con la radiodifusión después, se trata de un simple instrumento, fruto de una revolución económica y social que se ha servido de herramientas más potentes para conectar con el mundo.

Sin duda, la posibilidad de una conexión interplanetaria al instante es un avance del que todavía no podemos calcular la repercusión. Con ello, todo apunta a que se ha producido un cambio de dimensiones revolucionarias, como lo fue en su momento la máquina de vapor, o la imprenta en el siglo XVI. Nos hallamos frente a un invento que por sí mismo abre las puertas a una nueva sociedad —la llamada aldea global—, que cambiará nuestro modelo de vida, el sistema económico y, como siempre que esto ocurre, nuestra forma de concebir el mundo. Este último punto es el que más nos interesa. Para entenderlo, es necesario que intentemos entender cómo se crea y transmite la información a través de este sistema.

La transmisión, pero sobre todo los hábitos de consumo que genera, marca un punto de inflexión en el modo de generar ideas y conceptos, y sobre todo de entenderlos. Internet es un generador compulsivo de relatos y, por lo tanto, un constructor de realidades solapadas que luchan por abrirse un hueco en un universo anchísimo.

No hay duda de que la nueva tecnología ha permitido aumentar exponencialmente el flujo de información y los estímulos a los cuales todos estamos sometidos, tanto los emisores como los receptores. En un periodo relativamente corto de tiempo, hemos pasado de gestionar una escasez a intentar controlar una abundancia que nos resulta prácticamente inabarcable. Y en este contexto se mueve también hoy el complejo mundo de la comunicación. En muy pocos años hemos pasado de un oligopolio comunicativo a una diversidad casi infinita. Cada uno de nosotros somos un medio de comunicación en potencia. Un pequeño dispositivo en nuestras manos hace de nosotros unos receptores constantes de impulsos comunicativos, y a la vez nos dota de una herramienta para testimoniar cualquier hecho y difundirlo.

Todos juntos contribuimos al funcionamiento de un gran bazar donde se subastan millones de mensajes, que se gestionan de forma aparentemente anárquica. Más allá de la complicada gestión de los datos, que merecería un capítulo aparte en un tratado de ingeniería de las telecomunicaciones, no cabe duda de que tiene una enorme incidencia en el tema que nos ocupa: la transmisión de relatos que se convierten en realidades colectivas. El consumo individualizado y la saturación son dos elementos que no podemos obviar a la hora de analizar el nuevo ecosistema comunicativo. En el primer caso, a causa de la burbuja cognitiva, que rompe con el concepto de «demasiado» y a la vez complica el espacio compartido de debate. En el segundo, porque está demostrado que una de las técnicas más eficientes de desinformación es la sobreinformación, cuando se crea un contexto propicio para la confusión.

Por todo ello, conviene que iniciemos este capítulo haciéndonos una pregunta que nos puede resultar desasosegante: «¿La verdad es menos en internet?».

En los últimos años, en especial a partir del 2016, con fenómenos como el Brexit, o más recientemente con las últimas elecciones estadounidenses, ganadas de nuevo por Donald Trump, ha crecido la preocupación por cómo la gestión de la información en internet ha influido en la creación de realidades paralelas e interesadas. Y en cómo esto ha acabado condicionando la opinión final de unos ciudadanos en el momento en que han tenido que decidir sobre cuestiones de interés general. En definitiva, se plantea el efecto que acaba teniendo el bombardeo masivo de estímulos comunicativos sobre la opinión pública, allá donde tiene algo decir en relación a los equilibrios de poder. La preocupación no es irrelevante si se tiene en cuenta que cualquier decisión democrática no puede serlo del todo si carece de un recurso primordial: que el ciudadano disponga de una información fidedigna que le posibilite tomar decisiones sobre cuestiones determinantes para su vida de manera libre. Intoxicar con mentiras es un modo de menguar esta capacidad, y por tanto de recortar el derecho a decidir libremente, adulterando el resultado final de un debate.

Fake news y *bots* son términos que se han hecho tristemente comunes entre nosotros, y que han abierto una inmensa brecha, en forma de suspicacias, tanto entre los consumidores de información como entre los emisores. La cultura digital hecho aumentar exponencialmente la valoración de la realidad en base a criterios cuantitativos, y ha provocado que se rehúya al máximo de los métodos cualitativos. Las afinidades y la repercusión se miden por el número de seguidores, de visualizaciones, de *likes* y clics, haciendo que las realidades se transformen en algo elegible, casi democrático. Los hechos y las afirmaciones son más o menos verdaderos o falsos en relación con la gente que los cree o los consume.

Los hechos, una vez más, pierden solidez y se transforman en líquidos. Podemos afirmar que hoy en día tiene más valor la viralidad que la veracidad, o que es más importante conseguir un consumo masivo y extensivo que acercarse con fidelidad a los hechos. La confianza se expresa mejor en términos de fe que en términos de credibilidad. Por tanto, se trata más de conseguir feligreses para nuestras causas que mentes críticas capaces de discernir sobre la veracidad de lo que se narra. La convicción ha dado paso a la adhesión.

Esto explica el éxito de los *bots*: robots que se dedican a emitir mensajes en cantidades industriales a fin de conseguir escalar en los *rankings* que determinan precisamente la evaluación de las verdades consensuadas. Si una comunicación tiene tantos retuits y/o tantos *likes*, tal vez debamos creérnosla. Como explica el periodista Marc Amorós, el secreto de las *fake news* viene determinado por su rápida propagación, pero también porque es más barato producirlas que las noticias verdaderas. Tan solo se trata de dar con el eslabón emocional que activa los mecanismos mentales de la mayor parte de los ciudadanos a la hora de confiar.

En muchos casos, estos estímulos se propagan más y mejor a través de sentimientos como el odio o la indignación, que a través de otros mecanismos como la veneración, el elogio o el aplauso. En redes sociales el éxito se encuentra más fácilmente buscando enemigos que amigos, o encontrando a los que tienen un enemigo común. El odio moviliza más que el amor y, como defendía el fallecido escritor madrileño Javier Marías, internet ha despertado la ira y las susceptibilidades en la comunicación y ha desatado, como dice el periodista Juan Soto Ivars, un odio artificial. Este periodista, especializado en el estudio de la comunicación en internet, mantiene que las redes proporcionan una burbuja protectora similar a la que protege a los conductores en sus vehículos, capaces de proferir todo tipo de improperios al resto de automovilistas *como si no pasara nada*. La diferencia es que en este caso esa ira no trasciende el interior del vehículo, mientras que la red es un campo extenso en busca de adeptos a la causa. El conductor se desfoga, y el tuitero crea una corriente de simpatía que, a su vez, genera un relato y una visión entre muchísimos usuarios.

Soto Ivars nos introduce un nuevo concepto, la poscensura, fruto de un ruido estridente que convierte la red en transmisora de un estilo comunicativo en el que más vale el descrédito del otro que la convicción propia: «La crisis de credibilidad de los medios de comunicación provocó el nacimiento de nuevos diarios dedicados a la mentira y a la difamación, y su mensaje se adaptó muy bien al estado de ánimo de las redes sociales. Por todas partes aparecían individuos exponiendo a gritos su visión del mundo, tildando de farsantes o estúpidos a quienes les llevasen la contraria, y exigiendo que se censurara a quienes manifestaran opiniones incómodas para ellos, a quienes atribuían etiquetas disuasorias tales como "machista", "fascista" o "buenista", sinónimos de traidor».

Se impone una tendencia hacia los mensajes de componente emocional, casi visceral, más que razonados y estructurados. Enseguida abordaremos las implicaciones de todo esto, aunque antes debemos acabar de contextualizar el fenómeno y situarlo dentro de su marco.

La nueva cultura digital ha engendrado una nueva forma de consumir la información. Nos encontramos frente a un nuevo paradigma social y económico, que surge de nuevas formas de producción y distribución de los recursos, marcado por la gestión de la abundancia y una tecnología inédita que permite trascender fronteras, no solo físicas, sino también conceptuales. Mirar el futuro con ojos del pasado es uno de los principales defectos que todavía hoy afecta a algunos análisis socioeconómicos que podemos escuchar día tras día, en los que se nos plantea una realidad que no se ajusta bien a lo que realemente sucede.

Hasta hoy, la humanidad ha tenido que establecer sus relaciones sociales y de dominación en base a un criterio de escasez, de reparto de *lo que había*. Cuando se hace una lectura a futuro a partir de estos parámetros, no se tiene en cuenta que la revolución tecnológica no solo representa una transformación de nuestra relación con las máquinas, sino que nos sitúa ante nuevas formas de producción y distribución con infinitas posibilidades, capaces de multiplicar los recursos y de cambiar los parámetros de relación económica y de dominio.

Hay economistas que creen que estamos frente a la posibilidad de un nuevo modelo basado en la colaboración más que en la compraventa a partir del criterio de oferta y demanda, y que la propiedad, fundamental para explicar el sistema capitalista, acontecerá una rémora del pasado sustituida por aspiraciones vitales experienciales. Si bien habrá que ver si esta premisa llega a cumplirse, ya pueden vislumbrarse en el horizonte ciertos síntomas que apuntan en esta dirección.

El consumo está cambiando a partir de criterios que se alejan de lo tangible. La virtual le gana terreno a lo real, entendido desde el punto de vista de Santo Tomás. Ya no hay que ver para creer, sino vivir para tener una fe ciega. Esta situación cambiante nos sitúa en un mundo que pasa de sólido a líquido, como postula el polaco Zygmunt Bauman, y entronca más con el ámbito de las emociones que con el de las percepciones empíricas.

Si ponemos el foco sobre el espacio de la comunicación, esta gestión del superávit, es decir, de una capacidad de producción de contenidos mucho más elevada que hace tan solo dos décadas, ya ha llegado y ha marcado, y marcará el futuro de un nuevo contrato social entre emisores y receptores. El nuevo modelo hace que todo lo que se comunica, en especial la información, tenga tres características fundamentales: la abundancia, como decíamos, la inmediatez y la afinidad. La comunicación se mueve por un gran flujo, no por impulsos ordenados y jerarquizados, tal y como hacía en el paradigma anterior de los medios de comunicación de masas. La falta de jerarquía en la difusión, y por tanto de un orden, señala nuevos caminos en los que la información se convierte en una forma particular de consumo, dejando de ser un sistema masivo de servicio. Un terreno abonado para que la industria persiga sus objetivos apelando al cultivo emocional más que al racional. La información como bien de consumo, como experiencia casi personal. No hay duda de que en este escenario resulta más sencillo dar gato por liebre. Es decir: imponer mensajes interesados en función de la percepción que el emisor detecta en el receptor.

Antoni Puigverd, escritor y periodista, reflexionaba en un artículo aparecido en *La Vanguardia* el 14 de abril del 2018 sobre estos nuevos mecanismos de recepción en la comunicación que merece la pena que rescatemos: «La fuerza destructora del periodismo ha coincidido con la entronización de un nuevo estamento social: la audiencia. Las audiencias deciden el éxito o el fracaso de un medio, y condicionan la presencia o ausencia de publicidad. Determinan, por lo tanto, la viabilidad del periodismo. Quien cautiva a la audiencia, logra el poder. En teoría nuestras sociedades son hijas de la Ilustración, herederas de siglos de razón y ciencia. Pero estamos empapados de emoción. El cine tiene que emocionar, al igual que una serie de televisión. El cantante, el escritor, el pedagogo, el músico, el publicista, el comerciante, el perfumista, el pizzero o el fabricante de cervezas… todos tienen que emocionar si pretenden ser tenidos en cuenta. Por supuesto, políticos y medios se desviven por lograr encender y conducir las emociones de sus audiencias, es decir, de la nación. Somos hijos de la razón, pero adoramos a la Diosa de las emociones... Los temas de actualidad evolucionan día a día de manera muy parecida a cómo evolucionan, en las series de ficción, los personajes y las situaciones que los guionistas idean... Una fábrica de emociones son las pantallas que dominan nuestra vida: el teléfono, el ordenador, la tablet, el televisor. Para mantener subyugadas a las audiencias, las pantallas deben activar las emociones de manera cada vez más intensa. Inevitablemente, nos ofrecen imágenes sugestivas, pero también cocinadas, adaptadas a nuestros gustos y a lo que deseamos ver y escuchar. Depuran la realidad».

Puigverd apuntaba en este artículo al riesgo que comporta confundir realidad y ficción, entendiendo a esta última como un imaginario virtual que se concibe como real. Internet y las redes sociales, de hecho, han sido un caldo de cultivo perfecto para la generación de realidades virtuales, en ocasiones paralelas a la realidad factual, pero también con vocación de generar discursos en esta segunda.

En Cataluña, a raíz del referéndum del 1 de octubre del 2017, muchos ayuntamientos cambiaron los carteles de entrada al pueblo de «Municipio adherido a la Asociación de Municipios por la Independencia», a «Municipio de la República Catalana». Un ejemplo de cómo una realidad completamente virtual —y, se sobreentiende, ligada a los deseos de los gobernantes—, tenía su traducción en una realidad palpable para todos los que accedían al municipio.

Se trata de una versión moderna del clásico crear realidades a través del discurso. No es una fórmula nueva: ha sido una práctica recurrente por parte de todos los tipos de poder —espiritual o político— a lo largo de la historia. El problema de esta virtualidad es que puede darse de bruces con lo que denominamos la realidad factual, que no es más que el sistema de valores establecido entre todos a fin de poder vivir en base a un marco seguro y estable.

Volviendo a aquellos convulsos meses en Cataluña, mientras algunos preferían mantener su realidad en la virtualidad, otros elegían tener los pies en el suelo. Lo exponía con gran elocuencia la periodista de tendencia independentista, Pilar Carracelas en tertulias de radio y televisión. Aseguraba que a raíz de los acontecimientos de octubre, se sentía como los niños cuando descubren que los Reyes Magos no existen. Le habían explicado que estaba todo preparado para la independencia, y finalmente se había acabado dando cuenta de que no era más que una ficción. Las redes fueron el principal instrumento para lograr que esta ficción fuese asumida como algo real por millones de personas, alimentando un imaginario según el cual la ansiada República catalana daría el salto definitivo del sueño a la realidad.

La avidez con que se expresan los contenidos en internet crea un clima que no es el más propicio para ir pidiendo credenciales de autenticidad sobre lo que se defiende, moviéndonos en escenarios más próximos a los actos de fe que al pensamiento racional. En aquellos momentos se llegó incluso a acuñar el término «La República de Twitter», para dejar constancia del hecho de que había más personas viviendo cómodamente en la virtualidad que en la realidad.

En la red es fácil encontrar realidades que, al dictado de los deseos de miles de personas, difieren de la verdad externa. Aquellos días de convulsión política y social se explicaron como que todo obedecía a la creación de marcos mentales.

Esta expresión nos permite abrir un debate sobre cómo la voluntad puede llegar a transformar realidades más allá de los límites que en principio se establecen como normales. Se trata, sencillamente, de convencer a un número significativo de personas de la existencia de una realidad imaginaria para que se acabe asumiendo como real. Se sustituye la acción por el relato como acción de cambio, con el fin de que este, en su virtualidad, haga posible la transformación mediante el convencimiento de quienes han creído. Pasamos de la «revolución de la acción», de carácter marxista, a la del relato, de fundamento posmoderno. Estas últimas dejan el futuro de los movimientos de progreso y evolución en manos de quienes sean capaces de establecer pautas sobre estas narrativas. Es aquí donde resulta interesante pararse a analizar cómo se genera esta industria de la narración, y bajo qué parámetros.

Hoy el consumo de contenidos está relacionado con la gran cantidad de información a la que estamos sometidos, así como con el acceso rápido, sencillo y sobre todo gratuito del que disponemos. A ello, se suma la necesidad de saberlo o recibirlo todo enseguida y en cualquier lugar. La simpatía que nos despierte tal o cual cosa será el principal criterio de acceso, y podemos elegir lo que más nos convenga. Es lo que se denomina consumo a la carta.

El periodista norteamericano Jeff Jarvis explica el cambio que se ha producido a partir de una dialéctica diferente a la tradicional, según la cual el mensaje pasa de dirigirse a la masa a individuos concretos, con información personalizada o bien pensada para grupos muy específicos. Dice: «Los medios de comunicación inventaron las masas. Por eso, las auténticas víctimas de las redes no son un medio concreto u otro. Lo que se ha destruido es la idea de masa». Jarvis opina que el nuevo modelo de periodismo ha de tener claro que ya no nos dirigimos a grupos más o menos heterogéneos, sino a grupos reducidos o incluso a personas en concreto, y que hay que adaptar el negocio a esta casuística según la cual «los contenidos no son el producto final. Se trata únicamente de herramientas que utilizaremos para informar y proveer a nuestras comunidades. Podría suceder a veces que el contenido siguiese teniendo valor intrínseco como una cosa que se puede vender. Aun así, ahora también tiene valor la manera en que un medio puede aprender sobre una persona: qué le interesa, qué sabe y qué quiere saber, dónde vive, qué hace... todos estos indicadores le permiten a un medio informativo aportar más valor y cosechar mayor fidelidad, compromiso y, a cambio de ello, obtener más ingresos».

Esta forma de comunicar y de informarse genera unas dinámicas que sin duda rompen con las del sistema precedente, piramidal, jerárquico y monitorizado. Hoy la realidad nos llega a partir de criterios en los que nosotros somos partícipes necesarios. La selección que realizamos de los contenidos forma parte del mensaje, es decir, de la definición de realidad que nosotros nos diseñamos. Podríamos decir que estamos a punto de elaborar un mapa mental de lo que somos y de lo que vivimos hecho a nuestra medida. Esta posibilidad, que es real según las formas de consumo informativo que imperan entre los más jóvenes, rompe con el contrato social del periodismo, según el cual el emisor se situaba de lleno en una posición de dominio y control, para ofrecerle al receptor un relato tan veraz como le fuera posible. Las fuentes como garantía del contrato, los géneros como declaración de intenciones —lo que te quiero decir—, y la construcción léxica como formalismo para entender la diferencia entre los diversos géneros eran, hasta hace poco, los atributos sustanciales de este compromiso.

Con la cultura digital estos elementos se desdibujan y el contrato pasa a ser papel mojado, pues viene determinada más por los deseos, la afinidad y la capacidad de personalizar los contenidos según los gustos que por unos principios basados en el rigor. Este hecho explica que los géneros periodísticos se vayan difuminando poco a poco y ya no estén claras las fronteras, por ejemplo, entre información y opinión. Si en el periodismo convencional quedaban claramente definidas —o al menos, esta era la convención—, la nueva forma de reproducción y consumo informativo dinamita los límites. Una modalidad de consumo basada en la inmediatez y la afinidad no presta atención a estos matices, porque el yo, referenciado, siempre crea más afinidad que el él o el ello, y así el periodista se ve obligado a informar u opinar siempre desde su punto de vista explícito. Cuando la frontera entre información y opinión se difumina, se provoca un efecto directo sobre el concepto de verdad. Las redes han hecho que nos desentendamos de las verdades inmutables a partir de las cuales se podía discutir. Ahora discutimos u opinamos sobre la verdad misma. Los hechos se adentran en el terreno de la retórica y nos escenifican una realidad mutable.

De este modo nos encontramos frente a un contrato social quebrado por la necesidad de alcanzar el objetivo de llegar hasta los receptores, que además pueden interpelarnos y corregirnos gracias a la interrelación, siempre más por una vía emocional que racional. La razón no crea tantas afinidades como las emociones o la fe. Esto explica que las religiones hayan determinado el saber y la cosmovisión del mundo durante más de tres mil años, y la Ilustración solo trescientos. Lo expresaba con ingenio y claridad Josep Pla: «Creer es más fácil que saber».

Esto se traduce en la fórmula según la cual en el consumo de información priorizamos lo que nos gusta, es decir: leemos, miramos o escuchamos más a partir del deseo que de las ganas de saber. Un estudio elaborado por el Massachusetts Institute of Technology demostró que las noticias falsas tienen una capacidad de difusión muy superior a las verdaderas. Según esta investigación, una información falsa tiene muchas más probabilidades de propagación a través de las redes que una que se ajuste a la realidad. También demostraba que en la propagación de noticias falsas guardan un papel mucho más importante los individuos que los *bots*.

Este nuevo paradigma, que se asienta sobre el terreno emocional y psicológico de las personas, así como en su capacidad para aceptar contenidos en función de los gustos o intereses propios, inaugura nuevas vías de negocio. Y tienen más a ver con los datos que con los contenidos.

En internet el gran negocio no es la audiencia contada en números, sino la información que aporta cada vez que interactúa con los contenidos. La fe, las creencias y los prejuicios son una enorme mina para las multinacionales y las grandes corporaciones, ya sean públicas o privadas.

Cada vez que interactuamos con cualquier plataforma digital dejamos un rastro altamente valioso para sus empresas propietarias. Los datos representan un negocio al alza, y tienen un alcance imprevisible para todas las empresas interesadas. Dejamos, sin saberlo o sin ser conscientes, pistas sobre nuestros gustos, debilidades, patologías, estado sentimental, miedos, ilusiones y objetivos, filias y fobias... que nos son propios.

Empresas de recursos humanos, aseguradoras de todo tipo e incluso candidaturas políticas son clientes de las empresas proveedoras de datos, que saben hasta qué punto pueden ofrecerles nuevas oportunidades de negocio. Pero también lo saben a la perfección los grandes grupos de comunicación corporativa o política, pues no hay mejor manera de reafirmar verdades interesadas que dándoles la forma que los consumidores esperan de ellas, o disponiendo en fila cada uno de los elementos coincidentes con los deseos de los usuarios a fin de que acaben asumiéndolos como veraces.

En marzo de 2018 se produjo una clara muestra de esto con el escándalo que afectó a Facebook. Se demostró que los datos de más de cincuenta millones de usuarios europeos y estadounidenses de la red social se habían utilizado para favorecer la campaña de Donald Trump a la presidencia de su país. Conocimos de manera cristalina el modo en que la red diseña auténticas cadenas de intereses que pueden aprovecharse incluso para incidir en la realidad política. Facebook había cedido los datos de millones de usuarios a un grupo de estudios de la Universidad de Cambridge para que los utilizaran en una aplicación. Finalmente, se vendieron a Cambridge Analytics, una empresa cuyos clientes son candidaturas políticas que utilizan la información adquirida para dirigirse a los ciudadanos y hacerles *ofertas* ajustadas a su perfil. Diseñan para los electores una realidad que se ajusta a la que les gustaría vivir, e inciden de este modo en sus decisiones políticas. En el caso concreto que nos ocupa, sirvió para enviar mensajes a los potenciales votantes demócratas, no con el objetivo de convencerles para que votaran a Trump en las elecciones de 2016, sino para inducirlos a abstenerse de votar a Hillary Clinton, su rival demócrata. Lo hicieron creando falsedades o medias verdades sobre la candidata, con el objetivo de generar rechazo entre los votantes. Los republicanos sabían que la clave para ganar aquellas elecciones no la tenía su capacidad de convencer a nuevos electores, sino la de provocar abstención entre los ciudadanos.

El caldo de cultivo perfecto se había creado en las primarias demócratas de unos meses antes, cuando la candidata pasó el corte por los pelos en una enconada lucha contra el candidato más antisistema del panorama político norteamericano, Bernie Sanders. Los mensajes de la campaña favorable a Trump se dirigían precisamente a este perfil, el de los seguidores del político derrotado, quien ya había expresado su descontento con la candidata ganadora, al considerarla una miembro más del sistema oligárquico de la política *washingtoniana*, dominada por pocas familias, entre las cuales estaba la suya.

La publicación de la existencia de esta operación de engaño y revelación masiva de datos generó un gran escándalo, y las más altas instancias norteamericanas pidieron explicaciones al presidente de Facebook por la cesión de información privada para finalidades políticas. El creador y propietario de la compañía, Mark Zuckerberg, admitió el error e inició una gran campaña para limpiar la imagen de su empresa. Entre las acciones llevadas a cabo, destaca la creación de centros especializados en la detección de *fake news* en la red diseminados por todo el mundo.

En mayo de 2018 se anunció que uno de estos centros se ubicaría en Barcelona, y que en él trabajarían cerca de quinientas personas. La noticia fue muy celebrada en la ciudad, hasta el punto de que un regidor municipal llegó a declarar que era la primera piedra para la creación de una industria de la verdad en la capital catalana. Así, literal: «industria de la verdad». Reforzó aún más su afirmación al declarar que esta actividad reflejaba los valores de ciudad que quería el partido de gobierno, Barcelona en comú.

La terminología empleada en la comunicación difícilmente puede pasar inadvertida. La verdad se convierte en un producto, un tipo de manufactura, que puede elaborarse y manipularse, y con la cual es posible mercadear. Desde el gobierno de Barcelona se pretendía crear un centro de la verdad. ¿No parece acaso una referencia directa al famoso Ministerio de la Verdad de la novela *1984* de George Orwell? Estas declaraciones insinuaban que existía una única verdad, y que no era esencial, sino que se fabricaba. La iniciativa privada establecida en Barcelona se centraría en crear relatos verdaderos, manufacturar narraciones verosímiles. Si defendemos que la verdad absoluta no existe, ¿qué podemos pensar de las verdades fabricadas por esta industria? ¿A favor de quién o qué trabajaría?

La noticia se situaba en el contexto de una gran preocupación mostrada por diversos gobiernos europeos, así como por la Unión Europea misma, ante la propagación de noticias falsas a través de las redes. Varios gobiernos, conservadores y socialdemócratas, consideraban que esta difusión masiva e incontrolada venía orquestada por unos movimientos populistas de extrema derecha e izquierda que ya habían cosechado notables éxitos en países centroeuropeos, de Europa del Este o en la misma Inglaterra, con el Brexit. Muchos de estos gobiernos habían habitado durante décadas una rutina consistente en gestionar de manera exclusiva la información a través de medios públicos estatales o de grandes corporaciones amigas. En el nuevo contexto, disparaban contra internet, acusándolo de ser la principal causa de la disolución del bipartidismo clásico.

Cuando los gobiernos hablan de regular las noticias falsas en internet, en realidad están hablando de conservar ellos mismos el monopolio de la mentira y el engaño, porque saben que controlar el relato es una de las bases sobre las que se asienta su supervivencia. No se miente ni más ni mejor en la red, solo que hay más actores mintiendo a la vez. Se redistribuye la capacidad para diseñar relatos a partir de las medias verdades, las falsedades, las verdades interesadas o los silencios.

Los gobiernos no quieren tener competencia en la construcción de narrativas. Una realidad que, hasta la irrupción de internet, detentaban en exclusiva a través de los oligopolios de los medios de difusión, y además estaban circunscritos territorialmente. Internet ha abierto las ventanas al mundo, y ha posibilitado que con pocos recursos puedan construirse realidades paralelas a las oficiales. Esto ha generado la reacción de varias instancias gubernamentales, que piden formas de control sobre la información por miedo a perder la capacidad de dirigir la realidad.

La posibilidad de poder controlar las mentiras en las redes abre varios interrogantes: ¿hasta qué punto se vulneraría el principio fundamental de la libertad de expresión? ¿Quién controlaría a las mentiras y a los mentirosos, y bajo qué criterios e intereses? ¿Serían los gobiernos los más cualificados para determinar qué se puede difundir, con los antecedentes que tienen? Y las empresas privadas, comprometidas públicamente a regular este nuevo escenario, ¿hasta qué punto podrían filtrar la información según sus intereses? ¿Estarían más preocupadas por la verdad las instituciones gubernamentales y las empresas de telecomunicaciones que el resto de la población? ¿No existen suficientes indicios como para pensar que las instituciones y los gobiernos han mentido tanto o más de lo que una persona cualquiera pudiera hacerlo en sus mensajes en las redes?

El cambio sustancial entre el engaño que nos servían antes y el de ahora es la cantidad y el grado de intensidad, pero no la esencia. La mentira ha perseguido siempre unos mismos objetivos: encubrir verdades incómodas o contrarias a los intereses de quiénes las emiten, y definir nuevos relatos para establecer marcos mentales hegemónicos que beneficien en quiénes las difunden. Ahora bien, esta estrategia alcanza una nueva dimensión a partir del carácter propio de la comunicación en red, que facilita el bombardeo masivo, no distingue entre fronteras, es continuo, y hace que prevalezca la inmediatez como valor informativo. Este carácter simultáneo y rápido complica la capacidad de contraste, entendida como un ejercicio empírico de certificación informativa, y por tanto define un entorno en el que cualquier afirmación puede ser cierta o falsa. ¿Bajo qué criterio podemos decidir entre una de las dos opciones?

En la época de la posverdad, mentir es más fácil. La tecnología permite comunicar más, aunque más no siempre significa mejor. Las capacidades técnicas no guardan por definición principios morales, y resulta evidente que comunicar más significa mejorar los mecanismos que nos ayudan a actuar en el terreno de la información, pero también un flujo más grande, y por tanto más incontrolable, de todo tipo de relatos: los verdaderos, los que nos sirven y los falsos. Es cierto que a día de hoy cualquiera tiene muchas más facilidades para comparar relatos diferentes sobre un mismo hecho, y por tanto está mejor preparado para cuestionar lo que le pueda ofrezcer un único medio de difusión. Pero también es cierto que esta posibilidad nos sitúa ante un nuevo marco, en el que estamos obligados a decidir entre varias opciones. Los operadores del relato lo saben y nos empantanan en un terreno de confusión, en el que lo más fácil es buscar la afinidad de los receptores para que la opción escogida sea la suya. La realidad, pues, está sometida a la elección más que a una certificación factual.

La naturaleza de las redes sociales —la inmediatez y la abundancia— abona el terreno para que las mentiras encuentren un caldo de cultivo en el que germinar. El consumo, a partir de la afinidad, facilita el engaño, si partimos de la premisa de que a *mi cliente* se le da lo que quiere escuchar, leer o ver.

No hay mejor manera de esparcir y consolidar un relato que adaptándolo a las necesidades de los que lo leen o escuchan, porque no hay un hábitat mejor para la mentira que el de unos receptores dispuestos a acoger el engaño. Orson Welles demostró la validez de esta tesis en su experimento radiofónico, *La guerra de los mundos,* en 1938. En aquella América deprimida por la crisis sobrevenida tras el crac del 29, la gente estaba predispuesta a esperar cualquier catástrofe. Este estado de ánimo fue clave para que millones de norteamericanos dieran por buena una invasión alienígena que hoy en día sería motivo de burla.

Las redes sociales y las plataformas digitales son expertas en «leernos» a través de un complejo entramado de algoritmos, que diseñan un perfil de nuestros gustos, anhelos y necesidades. Es una estrategia que ayuda a ofrecer cualquier producto a los consumidores, con el fin de que acaben convencidos de que es necesario que lo adquieran.

El dominio sobre estos algoritmos, trasladado a la comunicación, y teniendo en cuenta el papel activo que tienen los consumidores en la red, se convierte en un arma masiva muy poderosa para esparcir cualquier relato. No tanto a partir del contraste de los hechos con la realidad, sino a partir de la verosimilitud. Lo que prevalece es la capacidad técnica para detectar a las personas susceptibles de creer lo que se les explica.

Volvamos al filósofo Harry G. Frankfurt y a su concepto *bullshit,* que viene a definir la capacidad de crear realidades virtuales que funcionan al margen de la realidad factual y que tienen entidad por sí mismas: «A diferencia del mero hecho de mentir, esta cuestión tiene que ver más con la falsificación que con la falsedad. La esencia misma no es el hecho para que una información sea falsa, sino para que sea fraudulenta. Para apreciar esta distinción hemos de darnos cuenta de que una falsificación o un fraude no tienen que ser en ningún sentido —salvo la autenticidad en sentido estricto— inferiores a la cosa real. Lo que no es auténtico no tiene por qué ser peor en otro aspecto. Puede ser una copia exacta. Lo que resulta penoso de una falsificación no es su aspecto, sino la manera en que se ha hecho. Esto apunta a un rasgo parecido y fundamental de la naturaleza esencial de la charlatanería: a pesar de practicarse sin preocupación alguna por la verdad, no tiene por qué ser falsa. El charlatán crea falsificaciones. Pero esto no significa que las haga mal *per se*».

Para Frankfurt, el concepto *bullshit,* que hemos traducido como «charlatán», no remite a un mentiroso que tiene en cuenta la verdad para crear un relato, sino a un fabulador a quien no le preocupa la verdad, sino impresionar. Es por ello por lo que para el filósofo norteamericano, la charlatanería es un enemigo peor para la verdad que la propia mentira. El mentiroso tiene una consideración por la verdad y una conciencia sobre su existencia, y por eso la niega o la transforma. El charlatán, por el contrario, no entra en esta dialéctica, porque se mueve en una esfera discursiva y retórica donde no existe ni la verdad ni la mentira, sino únicamente su relato, que puede coincidir o no con hechos verdaderos. Se trata de un universo discursivo propio de la fabulación sin ninguna relación factual ni objetual. Frankfurt defiende que es propio de unos tiempos en los que la esfera pública aparece inundada de interlocutores para todo, obligados a opinar y emitir juicios sobre cuestiones que ignoran. Justo el terreno en el que nos movemos hoy en día.

En las redes, la figura del charlatán tiene muchas más posibilidades de éxito por ser el espacio perfecto para construir mundos virtuales. Si nos remitimos de nuevo a la idea de la burbuja conceptual propia del lenguaje en red y la selección a la carta que facilita, concluiremos que los charlatanes solo tienen que detectar cuáles son los discursos que despiertan mayor simpatía, y a partir de ahí potenciar al máximo el criterio de satisfacción de los espectadores.

Para muchos adolescentes, la vida sucede en el interior de una pantalla, con unos videojuegos que les nutren de realidades virtuales cada vez más parecidas a la realidad. Los *youtubers* les sumergen en un mundo peculiar poniéndolos en contacto con otro mundo real, más allá del terreno de juego. Para los adultos, las redes sociales se han convertido en el equivalente de los videojuegos de los adolescentes. Aquí tampoco estamos dispuestos a perder ninguna partida, y tendemos muy a menudo a buscar relatos que nos hagan creernos vencedores y que nos reafirmen en nuestras propias tesis. Una característica que los emisores de contenidos conocen a la perfección, por lo que su principal ocupación es detectar qué consideramos «ganar una partida». Ellos, desde luego, están dispuestos a ofrecernos «una victoria». Nos encontramos sometidos al peligro de pasar de una sociedad que situaba la ficción en el terreno de los sueños y los deseos —lo que nos gustaría que pasara—, a otra en la que los deseos son la base de la realidad.

Advertimos síntomas que nos hacen pensar que una buena parte de las personas viven cómodamente instaladas en lo que les gustaría que pasara más que en lo que realmente sucede. Es como si se hubieran invertido los términos de valoración de la realidad, y se acabara de dar carta de veracidad a lo que nos ronda por la cabeza mientras dormimos, evitando así construir nuestras vidas sobre lo que no nos gusta mientras permanecemos despiertos.

Mentir es una técnica

Muchos han sido los filósofos que han especulado sobre la verdad, que la han definido y han tratado de establecer un método para alcanzarla. Desde el relativismo sofista hasta la categorización aristotélica, varias corrientes de pensamiento han intentado dar con la clave para averiguar la misma naturaleza de la verdad. Existen tres tendencias que, más que definirla, dan pistas sobre su discurso. O, en términos actuales, sobre cómo se construyen, a través del relato, los argumentos verdaderos, verídicos o verosímiles.

La teoría de la correspondencia, surgida a principios del siglo XX, recupera los principios aristotélicos, en contra de las corrientes relativistas que durante décadas imperaban en la concepción de la realidad. Defiende que la verdad o la falsedad de una proposición se establece a partir de su correspondencia con el mundo, con los hechos. Parte de la necesidad de que exista un mundo externo a cualquier entidad pensante, hombres o mujeres, pero también a cualquier ente superior, como defiende la teología. Bertrand Russell, por ejemplo, afirmaba que no era posible establecer que una proposición fuera verdadera si no había una realidad externa sobre la que se fundamentara.

La tesis de estos filósofos se sustenta sobre lo tangible, sobre las realidades perceptibles mediante los sentidos, siempre que tengamos una percepción completa, casi absoluta, de lo que observamos. ¿Estamos seguros de que a través de nuestros sentidos podemos alcanzar toda la realidad existente? ¿O tal vez la realidad se limita solo a lo que percibimos a través de ellos? El principal problema de esta teoría es precisamente la definición de los hechos reales. No queda claro quién determina la realidad o la falsedad, y no se tiene en cuenta la posibilidad de que los sentidos nos transmitan conceptos, no hechos. Si la realidad es sensorial, tenemos que admitir que la única fuente de lo que es verdadero proviene de aquello que seamos capaces de sentir, descartando por tanto que los sentidos nos puedan estar engañando. Hay mucha literatura escrita sobre cómo actúan los sentidos y cómo, en función de nuestra posición psicológica, nos pueden aportar datos que no son exactamente coincidentes con los hechos percibidos desde otras perspectivas. Y, además, ¿cómo deberíamos considerar a los intangibles? ¿Cómo explicaría esta teoría la discusión sobre conceptos como por ejemplo la libertad, la igualdad, u otros que conforman los valores intelectuales a partir de la Ilustración?

La segunda teoría es la de la coherencia, que propone que la verdad o la falsedad se mueven en un ámbito de premisas arbitrarias, surgidas de la comprobación empírica o de la deducción. Visto así, una proposición sobre cualquier hecho es verdadera o falsa en función de si se puede insertar coherentemente en el resto de proposiciones sobre este hecho o realidad. Karl Popper planteó esta idea desde el punto de vista darwiniano, como la sucesión de premisas que mutan o se mantienen en función de que se pueda o no demostrar su falsedad en el sistema de coherencia al que pertenecen.

El problema de esta teoría es que presume que la arbitrariedad originaria es válida para determinar la validez o no de todas las proposiciones, cayendo en una trampa circular. Se podrían establecer premisas perfectamente coherentes en un sistema que parte de una falsedad, lo cual ¿las haría verdaderas o solo coherentes? Cuando en un crimen un acusado prepara una coartada se basa precisamente en este principio: define un escenario falso, y dispone premisas que tengan coherencia dentro del propio sistema creado. Todas pasan a darse por válidas si conforman un relato coherente, pero ¿es esta la verdad?

Pensemos en las teorías teológicas o las pseudociencias que nos explican los efectos paranormales. Todas están elaboradas sobre una base de coherencia en el discurso, en la que correspondencia con los hechos es más que dudosa. La principal base de estos discursos es la inexistencia de otros que los puedan negar. En el momento en que desde la ciencia no puede explicarse la consecuencia factible de un hecho, nace un relato que gira en el entorno de discursos posibles en un marco de coherencia narrativa. ¿Esto explica la realidad del hecho en sí mismo?

Frente a estas tesis surge una tercera teoría, la de los consensos, según la cual lo universal entre los hombres es universal de hecho, es decir: verdadero. Lo que es real, pues, está en manos de los mismos hombres y mujeres, y por tanto no requiere necesariamente de una correspondencia con hechos externos. La realidad, en consecuencia, estaría circunscrita únicamente a lo que los seres humanos somos capaces de concebir, y se fundamentaría en la capacidad que tenemos para convencer a una mayoría.

Tendríamos que recuperar a Hannah Arendt para recordar la diferencia que establece entre la verdad factual y la racional, y los riesgos de que la realidad esté expuesta a la opinión.

Esta teoría, sea como fuere, demuestra que también en la filosofía se ha defendido que la verdad no es un valor absoluto, sino una construcción que necesita de un relato para fijar los términos. Esto explicaría por qué es tan importante la construcción de discursos que convenzan a una mayoría y acaben construyendo una verdad. Esta constatación nos hace dudar una vez más de que los consensos sean reales o inducidos por quienes conducen el timón en la narración de los relatos que acabarán formando parte del imaginario colectivo, y por tanto de la verdad compartida.

Ahora bien, sabemos que no todas las verdades son compartidas, y que el relativismo continúa formando parte de nuestra forma de entender el mundo. El mismo Sócrates nos conminaba a dudar de todo, al igual que haría Aristóteles más tarde. Es por eso por lo que desde la teoría del consenso se considera que los humanos somos capaces de acordar realidades básicas como punto de partida de la disensión. Es decir, de la diversidad de opiniones e intereses.

El pensador francés Jacques Rancière ha sido uno de los grandes introductores de esta concepción de la realidad en el mundo de la política. Afirma que la disensión no se encuentra entre los que piensan blanco y los que piensan negro, sino entre los que piensan blanco pero con concepciones diferentes de la blancura. Es un principio que hoy podríamos aplicar a términos tan recurrentes en la ciencia política como la igualdad, la libertad, la democracia, o a tendencias concretas como la izquierda, la socialdemocracia o el liberalismo. En todos estos casos existe el reconocimiento de estas realidades como factuales, o lo que es lo mismo: como existentes. La diferencia viene a la hora de definirlas o concebirlas.

Las tres teorías, a pesar de moverse en el terreno de la filosofía y del pensamiento, son perfectamente extrapolables al ámbito de la comunicación, la retórica y el discurso político. Son teorías que han elaborado técnicas no para explicar la verdad, sino para dotar a los discursos del máximo grado posible de verosimilitud. Quien las conozca sabrá cómo hacer pasar una mentira por una verdad, o cómo crear una realidad a partir del criterio del que resulta más importante convencer, que no la verdad en sí misma.

Si nos fijamos bien, ninguna de estas teorías sitúa la verdad como un valor absoluto, a pesar de que podríamos considerarlo moralmente obligatorio, y por tanto conveniente y necesario. Arthur Schopenhauer escribió en 1831 un tratado muy elocuente, *Dialéctica erística o el arte de tener razón,* en el que defendía esta habilidad, la de tener razón, por encima de la de buscar la verdad en los procesos dialécticos de debate y confrontación. En él propone treinta y ocho estratagemas aplicables en una discusión sin defender necesariamente la verdad, sencillamente porque, según dice, no es posible conocerla. Volvemos, así, al concepto de verdad indescifrable. Solo con repasar estos argumentos de manera superficial reconoceremos fácilmente algunas de las técnicas más habituales de las tribunas parlamentarias, salas de vistas de tribunales, platós de televisión, e incluso de algunas acaloradas discusiones familiares sobre cuestiones políticas:

1. Se exagera y se amplifica la afirmación de un contrincante, aplicando un término que haya usado en una situación concreta a la totalidad de su discurso.

2. Se usa la homonimia para desdibujar los argumentos del contrincante, para así llevarlos hacia extremos que poco tengan que ver, o nada, con el objeto de la discusión.

3. Se coge una afirmación que se ha expresado en términos relativos como si se hubiera hecho una sentencia, y se rebate sacándola de contexto.

4. Para llevar el debate hacia una conclusión favorable, se procura que el interlocutor no pueda elaborar una secuencia lógica de argumentos, sino que se lo aboca a expresar sentencias o afirmaciones diseminadas.

5. Se aprovechan premisas falsas o inexactas cuando se detecta que el interlocutor desconoce una realidad concreta.

6. Se usan sinónimos descontextualizados para desorientar al adversario, aunque en casos concretos no esté justificado, para conducir a la conclusión que se persigue.

7. Se aplica el método socrático, según el cual se reafirman las tesis propias a partir de preguntas al interlocutor que, por su formulación, son difíciles de negar o rebatir.

8. Se procura hacer perder los nervios al otro, porque una vez fuera de sí le resulta difícil razonar y dar respuestas coherentes. A veces se le hace caer en la trampa a través de la provocación, y se le acusa si su respuesta es airada porque esto justifica los argumentos contrarios. La violencia verbal siempre hace perder en estos casos.

9. Se establece un orden anárquico en las preguntas que llevan a una conclusión, para que el rival no sepa exactamente dónde se quiere llegar.

10. Si se detecta que el contrincante sabe cuál es la intención del discurso y niega la validez de las preguntas que se le proponen, se le hacen las contrarias y así se consigue que las negaciones posteriores acaben dando la razón al emisor.

11. Si a través de preguntas sobre casos particulares se consigue la razón, se cogen estas particularidades como prueba de que se está dando la razón en el objeto general sobre el cual se debate.

12. Si se discute sobre un término demasiado genérico, sin nombre, se trata de acuñar para así jugar con ventaja. El nombre a veces sí que hace la cosa. La definición de las cosas empieza por el nombre que nosotros le atribuimos, las connota y las dota de significado.

13. Para conseguir la aprobación de una tesis, se expone la contraria de la manera más ridícula y exagerada posible, para que así no quede más remedio que inclinarse por la contraria.

14. Cuando se advierte que el adversario continúa negando unas premisas, debe hacerse caso omiso y comenzar a hacer aspavientos para que así, poco a poco, comience a acercarse a nuestra posición.

15. Si se ve que no hay manera de hacer prevalecer una tesis, hay que exponer otra que sea innegable, y más o menos evidente, para poder deducir de su aprobación un apoyo general a todo el que se ha expuesto.

16. Se debe poner énfasis en las contradicciones del discurso del oponente o de sus palabras en relación con alguna idea que haya defendido en alguna ocasión, y que entra en contradicción con lo que ahora sostiene.

17. Si el interlocutor advierte alguna incoherencia o contradicción, se tiene que intentar hacer el uso más amplio posible del lenguaje a partir de su ambigüedad y sus matices, porque la lengua no siempre es exacta en las definiciones.

18. Si se advierte que el contrincante ha conseguido ensartar una argumentación que lo conduce a una conclusión irrebatible, se impide que mantenga la narración con interrupciones, o intentando abrir nuevos caminos argumentales que lo distraigan.

19. Si se pide argumentar en contra de una cuestión sobre la cual no se encuentra una respuesta favorable, se lleva la argumentación hacia conceptos generales que reconduzcan el relato.

20. Si se consigue que el interlocutor dé la razón sobre un hecho concreto, se trata de cerrar rápidamente la discusión, convirtiendo esta aprobación en una afirmación a favor de todos los postulados.

21. Si se detecta que se usan argumentos aparentes o sofísticos, se pueden aprovechar para desacreditar y generalizar, o bien se pueden utilizar afirmaciones igualmente aparentes que demuestren la falta de solvencia.

22. Si se ve que una pregunta va a dar la razón al interlocutor, hay que negarse a responderla, alegando unos principios superiores a los que se discute.

23. Se deben llevar al límite las afirmaciones del contrincante, pues es en este escenario, fuera de los límites concretos, donde pueden perder su verdadera fuerza.

24. Se tiene que abusar de la deducción, y extraer falsos silogismos que deformen los argumentos que se exponen en contra de tesis que se defienden, para convertirlos en absurdos o peligrosos en lugar de razonables.

25. Se tiene que buscar un principio que no sea válido en la afirmación del contrincante, la excepción que confirmaría la regla, y hacerlo extensivo a todas sus proposiciones para desacreditarlo.

26. Hay que dar la vuelta al argumento contrario porque, con esta distorsión, al utilizarlo se volverá en su contra.

27. Si se consigue irritar el interlocutor con algún argumento repetirlo con insistencia, porque ello quiere decir que se ha detectado una debilidad.

28. Si no se encuentra ningún razonamiento en contra de los argumentos contrarios, ni en contra de la persona que los defiende, se puede usar alguno relacionado con los oyentes que nada tenga que ver con la discusión en sí.

29. Si se advierte que se está perdiendo el duelo dialéctico, una buena maniobra de distracción es recurrir a argumentaciones extemporáneas como si formaran parte del debate.

30. Se puede recurrir al argumento del respeto; al uso de referencias de prestigio que interpelen el interlocutor, aunque se alejen de las argumentaciones del debate.

31. Un recurso útil es declararse irónicamente incompetente para responder los argumentos del adversario, cuando en realidad no se tiene ninguno válido con el que oponerse.

32. Se pueden valorar las afirmaciones de la otra persona a partir de etiquetas estigmatizadas, los famosos -ismos, para descalificarlas. Se trata de buscar afirmaciones parecidas expresadas por personajes nefastos, y descontextualizarlas.

33. Es útil usar un sofisma, es decir: validar el razonamiento teórico, pero negar las consecuencias que se pretenden deducir.

34. Si se detectan dudas en el adversario en relación con alguna de las preguntas que se han formulado, cabe insistir. Ello es muestra de que este punto débil nos situará en una posición de superioridad.

35. Es más fácil conseguir el apoyo a unas tesis apelando a la voluntad que a la razón. Así pues, hay que saber detectar los intereses por los cuales se mueve el interlocutor.

36. Hay que desconcertar el adversario con discursos pomposos y vacíos que puedan impresionar. Los hay muy favorables a las articulaciones de grandes discursos, y los aplausos pueden hacer que la balanza se decante si el debate se disputa en el terreno del estado de ánimo y la autoestima.

37. Cuando el adversario comete el error de ejemplificar su tesis con una premisa errónea, hay que aferrarse como si fuera un clavo al rojo vivo para desacreditar toda la argumentación. El otro se verá obligado a corregirse, y si no es lo suficientemente hábil, su retirada se leerá como una derrota.

38. Finalmente, Schopenhauer ofrece una última opción que rebasa todos los límites de la argumentación, y que suele denotar impotencia más que habilidad discursiva. Sugiere el filósofo, como último recurso, la descalificación personal del adversario, contraargumentando a partir de sus deficiencias y llegando, si hace falta, a la ofensa y la grosería.

Seguro que a muchos les resultan familiares estas técnicas y argucias. Quienes hayan seguido los debates parlamentarios en directo, hayan participado en tertulias radiofónicas o televisivas, o asistido a juicios en las salas de los juzgados, podrán poner ejemplos personales concretos de la aplicación de algunos de estos treinta y ocho principios propuestos por Schopenhauer, todavía hoy muy vigentes.

Son estas habilidades las que acaban diseñando el relato, y es a partir del dominio de estos principios, que ya describiera Aristóteles hace unos cuantos siglos, que se acaba construyendo la realidad, no tanto como una revelación a través de la investigación, sino como un andamiaje arquitectónico del lenguaje y el pensamiento.

Mediante esta edificación explicamos la realidad que nos rodea. Los argumentos que se acaban imponiendo son las hegemonías discursivas, las cuales convenimos que son reales o la verdad. Pero ¿es sencillo imponer una narración de manera universal? ¿Cómo se hace para que esta realidad se acepte? ¿Existe algún secreto para lograr que nuestras realidades sean las de todo el mundo?

Para responder a estas preguntas, cabe analizar primero todo lo que dificulta el proceso de creación; los elementos que convierten, a lo largo del tiempo, las verdades en variables, y por tanto en inestables. Una verdad, por definición, es inmutable. Pero ¿existe alguna que lo sea en realidad? Repasando la historia de la humanidad, concluimos que no. ¿Y por qué?

Existen tres sesgos que pueden dificultar el encontrar la verdad y resultar contaminantes para el relato de un hecho y, por tanto, para la concepción que tenemos de todo lo que nos rodea:

1. Los prejuicios, que hacen que la búsqueda de la verdad requiera la confirmación de nuestro punto de partida. No hay nada mejor para buscar una verdad que tenerla figurada en nuestro imaginario.

2. El relato es más creíble que los datos, y narrativamente mucho más potente. Las palabras se adhieren mejor al cerebro que lo que vemos o vivimos. El filósofo Bernat Dedéu proponía el experimento de preguntar a nuestros amigos casados cómo conocieron a su pareja, para demostrar la fuerza de los relatos en relación con las propias vivencias. Las respuestas seguramente certificarán, en buena parte de los casos, un exceso de romanticismo literario, impropio de las prosaicas vidas de la inmensa mayoría de los seres humanos.

3. Tendemos a escuchar con más atención aquello que nos reafirma en nuestro modo de ver el mundo o en nuestros principios, antes que lo que nos hace incurrir en contradicciones con nuestros valores, ideas, aprendizajes previos o tradiciones. También los deseos juegan un papel muy importante. Una de las principales palancas para la construcción de la realidad en la nueva comunicación personalizada propia de internet, cabe insistir, es la valoración de la realidad más por cómo nos gustaría que fuese, o por cómo creemos que tendría que ser algo. Por eso, en la construcción de la verdad, resulta tan importante explicar hechos que reafirmen valores y principios. La retórica se formula a partir de esta premisa, porque es más fácil adaptar un hecho a una forma de pensar, que cambiar un pensamiento a partir de un hecho. Las religiones, la filosofía, la ética, la moral, la ficción y las tradiciones no nos explican la verdad factual, sino que establecen el terreno de juego para juzgarla, porque tendemos a explicarnos lo que vemos y vivimos a partir de una forma de percibirla y concebirla.

Este es un diagnóstico sobre las dificultades existentes para que puedan trasladarse los hechos según unas normas inexorables de veracidad. Cuenta tanto la posición de quien relata, sus prejuicios a la hora de observarlos, y su interés por explicarlos, como la situación de quien escucha, su estado de ánimo, sus valores y su predisposición a prestar atención.

La mentira o el engaño pueden iniciarse con el prejuicio a través de una fórmula de selección y de diseño de una teoría a la que se adapten los hechos. Es decir: buscando e incluyendo los que encajan, y excluyendo o eliminando los elementos de la realidad que pondrían en entredicho la teoría.

En la adaptación de los hechos a una realidad concreta tiene predicamento lo que denominamos un mantra, o lo que se conoce como la aplicación del método Goebbels: repetir una mentira tantas veces como sea necesario para que acabe formando parte del imaginario colectivo. Es lo que con otras palabras explicaba el escritor Josep Maria Fonalleras en un artículo en *El Periódico* el 15 de mayo del 2018: «La eficacia de los mantras radica en la repetición. A medida que se invocan, que se pronuncian, tienden a la solidificación. Es decir: a la permanencia. Lo que proclaman se termina haciendo real». Esta técnica también es muy útil en la construcción de relatos previos a los hechos que tienen que pasar. Las palabras indican preventivamente cómo tendremos que valorar y ver aquello que todavía no existe.

Todas las teorías sobre la realidad son discursivas, y se explican fundamentalmente a través de la capacidad que tenemos de pensarla, y sobre todo de narrarla. Por eso, cabe insistir en la tesis según la cual, debido a la ausencia de una verdad absoluta, lo más importante es el modo de llenar el vacío derivado de esta carencia. Así, nos hemos visto obligados a mentir de forma amplia, a diseñar realidades convenientes o necesarias, a erigir una arquitectura de la verdad para encontrar, fuera de la individualidad, algún marco en el que entendernos. Las dudas, por lo tanto, no son sobre la verdad, sino sobre por qué elegimos esta verdad y no otra, o sobre si esta es la conveniente para todos o responde, más bien, al interés de unos pocos. Jean-Jacques Rousseau se preguntaba si la naturaleza humana, entendida en el sentido de Thomas Hobbes, era una arbitrariedad para servir a una estructura de poder y no de realidad.

Es por eso por lo que no resulta difícil llegar a la conclusión de que hemos sido capaces de desarrollar técnicas para relatar universos en los que sea fácil sobrevivir, y hemos creado discursos, más que estrategias, o formas para buscar la verdad. Cabe, pues, que repasemos las técnicas de la formulación retórica, las que provocativamente pueden denominarse también como *las de la mentira*.

Si aceptamos que el relato es el eje sobre el cual se sostiene la verdad, se debe tener en cuenta que será de forma limitada. La verdad es lo que somos capaces de expresar, y el modo que tenemos de trasladarla a los demás. En consecuencia, es importante explicar cuál es la estructura del relato, qué lo conforma, y cuáles son las formas en que puede redefinir las realidades expresadas.

El relato se define como una narración estructurada en la que se representan una serie de sucesos más o menos detallados a través de la palabra, y que requiere de un emisor, un objeto al que referirse y un receptor. En esta definición ya intuimos los condicionantes que impiden que pueda equipararse a la verdad.

La primera dificultad es la traslación de los hechos en forma de palabras. Estas tienen un significado, lo que quiere decir que están connotadas. La selección de vocablos para explicar cualquier cosa puede decantar la verdad en una u otra dirección. El hecho de que haya un emisor inhabilita de entrada la verdad revelada, puesto que quien emite el mensaje no es la fuente de la revelación y tiene una percepción, intención y comprensión determinadas. Lo mismo puede decirse del receptor, que no es un elemento vacío, sino que percibe según sus emociones, la valoración que hace del emisor y la proximidad con la que se le explica algo. Aún más, si hablamos de una narración estructurada, se presupone una elaboración, lo cual es ya una manera de organizar y fabricar un relato. Este proceso obliga a jerarquizar, a acentuar y, en definitiva, a dar una forma que connota la verdad expresada. Y, finalmente, el objeto que se explica será siempre el resultado de una selección; interesada o no, pero selección al fin y al cabo.

A partir de estas premisas se entiende bien que se hayan propuesto muchas técnicas narrativas y retóricas para tratar de explicar lo que conocemos o percibimos. Son técnicas no ligadas de manera necesaria a la búsqueda de fidelidad de los hechos, pues siempre se verán condicionadas para lograr que se entienda mejor lo que se quiere exponer del modo en que se quiera hacer entender.

También es cierto que el relato, entendido como el grueso de conocimientos que configura nuestra visión del mundo, no solo se expresa mediante palabras. En realidad, los seres humanos hemos sido capaces de dar vida a muchas disciplinas para poder representar la verdad. La cultura, de hecho, no es más que el cuerpo de todas las formas con que somos capaces de pintarnos la realidad. Y, en este sentido, existe una disciplina que, consciente de las limitaciones para representar la realidad, dio un paso que hasta el momento no ha dado ninguna otra: la pintura.

El cubismo se constituyó a principios del siglo XX como la primera tendencia artística en hacer hincapié en la parcialidad con que trasladamos lo que vemos o sentimos, convirtiéndose en un primer intento por superar esta limitación. Pablo Picasso y Georges Braque propusieron que las formas se expusieran como una yuxtaposición de puntos de vista, evidenciando que la realidad de los objetos representados hasta el momento formaba parte de una única visión. Era una respuesta a la pintura realista, hegemónica durante la segunda mitad del siglo XIX y principios del siglo XX.

Al cabo de cien años, esta representación de la realidad vuelve a estar de actualidad, al vernos permanentemente abocados a los contenidos que nos proporcionan los medios audiovisuales. Es imposible, pues, que no tengamos en cuenta la premisa de la importancia del punto de vista. Son los productos audiovisuales los que más preponderancia tienen a día de hoy en el discurso: la televisión, las plataformas digitales, los transmedia, las redes sociales y el cine viven fundamentalmente del impacto de la imagen. Se mantiene la idea de que una imagen vale más que mil palabras.

No puede perderse de vista en ningún momento que una imagen no es neutra, y que el ángulo desde el cual se toma condiciona y connota de manera determinada el significado. Una imagen es solo la traslación de un instante en un marco singular y con una intensidad prefijada. Y esto es el que vemos, *frames,* infinidad de *frames* seleccionados para hacernos llegar una representación de la realidad. Incluso cuando se nos intenta enseñar todos los puntos de vista posibles se establece un orden de los ángulos de visión que condiciona y jerarquiza nuestra recepción. Hasta ahora ningún movimiento visual ha buscado mostrar todos los puntos de vista posibles, todos al mismo tiempo. La verdad no llega a nuestras casas, sino un discurso fabricado a través de visiones elaboradas con la intención de ser consumidas cómo si de la realidad se tratara.

Las personas no tenemos la capacidad de expresar todos los estímulos a los que estamos sometidos en cada momento, por lo que necesitamos estructurar una forma de expresión que se ajuste a nuestras limitaciones. Esto nos obliga a relatar, a construir un discurso. Y es en este punto cuando establecemos jerarquías y prioridades que no son consustanciales a los hechos, y por tanto lo que hacemos es reconstruirlos.

¿Es neutra esta reconstrucción? Nuestras limitaciones no nos permiten difundir las cosas tal y como las vivimos. En lugar de convertirlas en un aspecto inhabilitante las hemos transformado en una virtud, construyendo narraciones eficaces para establecer relaciones entre nosotros, y proponer valores que nos resulten útiles a nuestros propósitos.

De momento nos quedamos con lo que tenemos: entender que la realidad se construye en base a un sistema de valores que nos interpela desde la ética de la honestidad, la fidelidad y la confianza, porque somos conscientes de estar en manos de nuestra capacidad para explicar lo que concebimos como verídico. Y es en este terreno donde entra en juego el arte de la retórica y, por lo tanto, las técnicas de manipulación, entendidas como una manufactura interesada que estructura la realidad en favor de unos intereses, sean o no bienintencionados. Porque la manipulación, término estigmatizado, no es nada más que esto: dar forma determinada a un objeto con el fin de adaptarlo a unas necesidades. Manipula tanto el que entiende el oficio del relato como una forma de reafirmar los valores del *statu quo,* como el que cree que a través de un buen relato, sirviéndose por ejemplo del periodismo, puede lograrse una transformación social que cambie las estructuras de poder y las acerque más a los ciudadanos.

Siempre que nos dirigimos a los demás construimos un discurso, lo que quiere decir que seleccionamos lo que explicamos, cómo lo explicamos, el tono y las palabras que utilizamos, e incluso la intención con que lo hacemos. Toda la formulación necesaria para diseñar un discurso podría entenderse como una manipulación, no considerada de manera necesaria como algo peyorativo. Es la capacidad de reformular la realidad adaptándose a las necesidades tanto propias como del entorno —ya sean nuestros interlocutores o el contexto—.

Más allá del ámbito privado, la manipulación guarda un sentido pleno en la creación de la conciencia o del imaginario colectivo.

La primera fase del proceso de manipulación es la selección de lo que se decide contar. No hay que explicar todo lo que se ve o vive porque nos volveríamos insoportables, ni trasladamos al ágora pública todos y cada uno de los hechos que nos rodean. En este proceso de selección se establece, sin duda, un primer intento por formular un saber común o compartido capaz de generar prioridades. Aquello que los medios de comunicación denominan la agenda temática.

La segunda fase es la jerarquización y la magnitud que se da a cada uno de los hechos explicados. El tono, la extensión y la reiteración ayudan a hacer crecer o a mantener más o menos sepultada una realidad. Nosotros, tanto individualmente como de manera colectiva, decidimos dar más importancia a unos relatos que a otros a pesar de que la verdad, lo que sucede, no es capaz por sí misma de establecer estas categorizaciones.

Estas dos fases son esenciales para explicar cómo se confecciona un relato y, sin entrar a valorar las intenciones, no podemos obviar que como acción humana siempre estarán ligadas a un interés o perseguirán un objetivo. Cuando decidimos hablar es difícil que establezcamos criterios de neutralidad o asepsia conceptual.

¿Qué técnicas hemos perfeccionado para tratar de hacer los relatos más efectivos y convenientes a nuestros intereses? Hay infinidad de artefactos retóricos, y por tanto nos centraremos en los más comunes, que están estrechamente ligados a lo que hemos analizado.

En el proceso de selección de lo que explicamos, aparece siempre un mecanismo que trata de silenciar o esconder una parte de lo que sabemos o de lo que hemos percibido. Es inevitable escoger aquellos elementos que añadirán un interés mayor a nuestro relato, y somos nosotros los que establecemos qué es y qué no es interesante. Esta elección es parcial, y depende del objetivo que persigamos. Si lo que silenciamos es susceptible de desvirtuar nuestro relato en caso de que trascienda, nos adentramos ya en los terrenos del engaño.

La profesora Sonia El Hakim, analista de la conducta, explica que sus alumnos se sorprenden cuando define este comportamiento, el de esconder parte de los hechos, como un engaño. Sin embargo, quedan convencidos cuando les expone el ejemplo de un hombre o una mujer que llega tarde a casa y le cuenta a su pareja que el motivo es que estaba en la oficina. Lo que decide omitir es que allá lo que estaba haciendo era mantener relaciones sexuales con otra persona y no trabajando, como podría deducirse. En realidad no ha mentido, pues no ha inventado nada. Pero no ha explicado una parte importante de los hechos.

Si recuperamos a George Orwell y su fijación con cómo el lenguaje determina el pensamiento, nos daremos cuenta de que uno de los principales artefactos retóricos para construir imaginarios es dejar en la sombra todo aquello que podría cuestionar los postulados favorables a las formas de dominio que se entienden como naturales. Cientos de veces hemos escuchado las palabras de colectivos, en su propia opinión discriminados, manifestando su necesidad de ser visibles. Dan carta de naturaleza a la máxima según la cual lo que no aparece en los medios de comunicación no existe. Estas reivindicaciones nos sitúan frente a la conciencia que se tiene de manera instintiva de que la ocultación es un elemento imprescindible en la construcción del relato y, por tanto, en la generación de realidades comunes.

Seguramente hoy ya no se pretenda solo la visibilidad en los medios de comunicación de masas, y podríamos rehacer la famosa expresión diciendo que ahora el que no se hace viral en las redes no existe, pues no son ya los medios convencionales los que marcan la agenda mediática o informativa, sino los índices o *rankings* en estas nuevas plataformas. Por lo tanto, para crear relatos es necesario ejercer el control sobre estas listas, o disponer de suficiente potencia o recursos para incidir en ellas. El negocio no está en los audímetros, sino en los datos y en el uso extensivo del mensaje para crear viralidad.

Un ejemplo. El periodista Xavier Sardà escribía en *El Periódico* el 7 de abril del 2018, pocas horas después del revés judicial que el tribunal alemán de Schleswig-Holstein le daba al Tribunal Supremo español en relación con la acusación de rebelión al presidente Carles Puigdemont: «Se debe felicitar a Puigdemont y al independentismo por su capacidad comunicativa y por su audacia jurídica. Valiéndose de medias verdades, algunas subjetividades y mentiras incontestables, han logrado conformar una realidad que, sumada a la ausencia del contrincante, ha conseguido horadar el panorama internacional».

Se trata de una reflexión acertada sobre cómo se construyen discursos hegemónicos que puedan traspasar fronteras, y la importancia de la ocultación en la arquitectura de estos relatos.

La censura —ya sea directa, o a través de mecanismos que incentiven la autocensura— tiene este poder. Ha sido uno de los principales instrumentos para favorecer o forzar realidades interesadas o sesgadas. El intento constante por silenciar algunos discursos, ideologías y creencias se ha basado precisamente en este mecanismo, el de silenciar o esconder lo que no interesa para mantener la hegemonía del relato. La libertad de expresión, de hecho, nació como un derecho para romper una barrera que se ha demostrado como la más eficaz a la hora de construir e inhabilitar discursos.

En atmósferas comunicativas donde prevalece este derecho son otros los mecanismos de manipulación empleados. Ya no son las censuras explícitas e institucionalizadas las que realizan la labor de sustentar los relatos convenientes, sino que se buscan nuevas fórmulas retóricas que encubran la autocensura o sirvan para disfrazar relatos convenientes o desarticular los que no gustan.

Dentro todavía del ámbito de lo que explicábamos, el objeto del discurso, existe la estrategia consistente en convertir la anécdota en categoría, o tomar la parte por el todo. Se trata de uno de los trucos más comunes frente a relatos contrarios a la hegemonía. Un recurso de contraposición más que de construcción. Ante realidades que podrían desarticular los postulados dominantes, la retórica alcanza su máximo esplendor manipulador cuando es capaz de desviar el foco de atención. Y una manera de conseguirlo es seleccionando una parte minúscula del relato que se busca desarticular bien para minimizarlo, o bien para magnificar las debilidades y reforzar así la posición propia.

En esta categoría dialéctica se incluyen las comparaciones falaces, basadas en comparar términos que no se encuentran en un mismo plano de la realidad, o que se presentan como contradicción, a pesar de que en su estricta formulación no lo serían.

Desviar la atención o intentar cambiar de orientación el foco es otra de las estrategias sobre las que pivota la retórica para la transformación de la realidad. Dado que la selección de factores es la acción clave para generar discursos, situar donde convenga los elementos que resulten interesantes para elaborar relatos es una de las principales estrategias que pueden seguirse. Es una modalidad para minimizar lo que pretende ser doctrina e intentar desvirtuarlo, bien con la inclusión de un nuevo elemento, bien con alguna proposición que contradiga la credibilidad de la primera.

Entre estas fórmulas existe un apriorismo: estructurar un sistema de valores previo al hecho que ha de venir. De este modo se condiciona la manera en que los receptores valorarán el hecho cuando se produzca. A finales de mayo de 2018 tuvo lugar en España un ejemplo muy claro de esto, a raíz de la primera moción de censura que prosperó tras cuarenta años de democracia. En aquella ocasión, determinada prensa de derechas, nada conforme con el cambio de gobierno propiciado por aquella iniciativa parlamentaria, calificó al nuevo ejecutivo de *gobierno Frankenstein*, en alusión al monstruo creado por la escritora Mary Shelley. Lo designaban así para connotar la acción de un gobierno que surgía de un apoyo multicolor entre fuerzas de izquierda y fuerzas nacionalistas e independentistas. No se describía un hecho o una realidad: se asumía preventivamente un juicio de valor sobre un futurible, y se creaba así un marco mental para poder juzgar cada una de las acciones que llevaran a cabo con posterioridad, encerrándolas dentro de este concepto.

Un artificio retórico parecido es la exageración. No está tan ligada a una selección de la realidad como a la posibilidad de magnificar lo que nos es más favorable. Los psicólogos incluyen esta estrategia como una de las más comunes dentro del ámbito del engaño, dado que representa una deformación clara de la realidad. Consiste en ponerla frente a espejos deformados con el fin de alterar las dimensiones de los hechos que se explican, acentuando de manera exacerbada lo que nos interesa comunicar para que el relato transite los caminos trazados previamente.

El 21 de febrero de 2018, el president de la Generalitat catalana Artur Mas hizo uso de estar argucia con esta declaración: «En el mundo de la política hay un componente simbólico y estético. Muchas veces un argumento se exagera o se infla para posicionarlo frente a la opinión pública. ¿Es esto un engaño, o una exageración?». Mas lo decía en respuesta a la pregunta sobre si, en Cataluña, durante los meses previos al referéndum del 1 de octubre de 2017, y tras la declaración de independencia, no se habían creado falsas expectativas a la ciudadanía y, en definitiva, se la había engañado.

Otro de los recursos discursivos de mayor prevalencia es el eufemismo. Consiste en redefinir los conceptos evitando llamar a las cosas por su nombre. Ya hemos señalado que las palabras determinan un modo de ver la realidad. Así pues, nos encontramos frente a un segundo paso en la selección, ahora no de lo que explicamos, sino de los términos que elegimos para hacerlo.

Una de las características más importantes en las técnicas discursivas es, sin duda, el uso del lenguaje. Mentir es también matizar, maquillar o difuminar el lenguaje. Las palabras pueden describir una realidad sin negar los hechos pero desvirtuándolos con un envoltorio estético o formal. En los últimos años encontramos ejemplos para aburrir de esta estrategia en el debate político a nivel mundial, lo que ha desembocado en un intenso debate sobre el uso y abuso de las palabras. Es lo que ya en los años treinta, y ahora más que nunca en los Estados Unidos de Donald Trump, se conocía como la realidad alternativa, con numerosas versiones en disciplinas como la historia, donde el revisionismo ha llegado a negar cuestiones relacionadas con el nazismo o el fascismo.

La comunicación actual y el alto flujo de información con el que debemos lidiar crea un terreno de juego con muchas trampas léxicas y eufemismos, así como con categorizaciones conceptuales dirigidas a desvirtuar la visión de la realidad. Términos como democracia, libertad, violencia y terrorismo están presentes de manera constante en el rifirrafe comunicativo, enarbolados para generar hegemonías discursivas sobre diversos procesos políticos y sociales de la actualidad.

Sobra con buscar la definición de estas palabras en los diccionarios, los programas políticos e incluso en el código penal, para percatarse de que conforman realidades según la intención con la que se las utiliza. Cada una de ellas significa algo diferente en función de quién y cómo las emplea. Una constatación que dificulta enormemente el definir realidades y la búsqueda de la verdad.

El 20 de abril de 2018 lo explicaba así Sergi Pàmies en *La Vanguardia*: «Si todo evoluciona, el lenguaje también. Los drogadictos de antes ahora son toxicómanos. Los puticlubs son *whiskerías*. Las crisis son desaceleraciones y la desregulación es el capitalismo de toda la vida. La omnipresencia de la comunicación alimenta la tecnología, y la voracidad de la inmediatez contamina nuestra manera de hablar y entender las cosas. El verbo mentir ya no se puede utilizar porque corres el riesgo de que te empapelen. Por eso nos sacamos del sombrero artificios como posverdad y recuperamos anacronismos como alteración de la verdad. Son eufemismos que nos sitúan en un nivel indigno de comprensión y que nos alejan de la evidencia. En otros ámbitos, la relación y la verbalización de la realidad se mantienen. Si una sopa quema, decimos que quema. Si hace frío, decimos que hace frío. En política, en cambio, cada vez resulta más difícil conciliar lo que pensamos con las reglas del juego dialéctico de un territorio monopolizado por aprendices de brujo de querella fácil, o insufribles portavoces de la intoxicación. Resultado: por cada minuto que ellos ganan antes de que los pillen, nos condenen a meses de mentiras agraviadas por un uso maléfico de la retórica. Una retórica declarativa que, como una epidemia moral, perpetúa la picaresca más *chunga*».

En la misma línea se expresa la periodista Leila Guerriero cuando hace referencia a lo que conocemos como políticamente correcto: «Este es el problema con las ONG: que son educadísimas y que, además, no ven nada antiestético en palabras tan feas como apoderamiento, ni nada artificioso en frases como "Participación activa de todos los actores implicados para garantizar la apropiación de la agenda". Estas palabras y frases son efectivas y necesarias para delimitar territorios de investigación y fijar definiciones políticas, pero, trasladadas a la escritura periodística, levantan un muro de indiferencia entre quien lee y la realidad que se quiere narrar. No solo no conmueven, sino que generan el efecto contrario: tranquilizan. Detrás del término feminicidio hay una mujer violada hasta la tumefacción y descuartizada por su marido, y detrás de la expresión violencia de género hay mujeres a quienes arrancan los ojos y queman con ácido, pero, envuelta en la pasta de hoja bienintencionada de las palabras que no dicen nada, la realidad llega al lector desactivada, sumergida en hectolitros de líquido amniótico. Y en la escritura periodística no solo importa lo que se dice, sino cómo se dice. Porque en la escritura periodística la estética es moral».

Las palabras: qué importantes son a la hora de difundir un discurso, y cuántas cosas nos dicen más allá de lo que pretenden decir en su sentido original. La escritora Ana María Matute explicaba que las palabras son las que nos salvan, y tenía razón. Solo las palabras pueden facilitarnos este entorno de libertad que nos permite mentir para generar realidades.

Si nos situamos en el ámbito de la creación y la originalidad, hemos de conocer las fórmulas más imaginativas para la manipulación de discursos o la configuración de relatos.

Uno de los principales recursos, fuertemente vigente a raíz del debate inaugurado por el auge de los populismos y su relación con las nuevas formas de comunicación a través de redes sociales, es el de exponer lo que nos gustaría que fuese como si realmente fuese así. Hablamos del arte de confundir el deseo con la realidad.

Esta técnica está muy relacionada con ámbitos comunicativos donde prevalece el componente emocional. Un ejemplo muy común son los vaticinios que hacen los periodistas deportivos en relación con el marcador de un partido de alta rivalidad que todavía no se ha disputado. Es fácil de detectar, según sus augurios, a favor y en contra de quién están. Darán argumentos aparentemente racionales para justificar unos diagnósticos que en realidad estarán dominados por una ecuación mezcla de deseo y realidad. Para que esta técnica dé sus frutos, juega con uno de los mecanismos humanos más efectivos a la hora de lograr un éxito discursivo sin titubeos: el autoengaño.

La filósofa Hannah Arendt lo recordaba con estas palabras: «Cuanto más éxito tenga un mentiroso y más grande sea el número de convencidos, más posibilidades hay de que se acabe creyendo sus propias mentiras».

En la misma línea, pero desde otro ángulo, está la posibilidad de que se exponga lo que se desea escuchar. En este caso se requiere el conocimiento, por parte del emisor, de los deseos y los anhelos de los interlocutores, y a partir de ese punto puede hacer discursos que resulten agradables a sus acríticos oídos.

El objetivo de estos discursos es crear corrientes favorables en una tendencia que por su permeabilidad puedan ser propagados al máximo, alimentando así las realidades gregarias. Cuanto más mayoritarias sean, más capacidad tendrán de crear corrientes de adhesión. Muchas personas apoyan un movimiento tan solo por no quedarse descolgadas. También en estos casos son necesarios ambientes comunicativos con un alto grado de intensidad emocional y polarización. Los movimientos populistas son expertos en generar estas atmósferas a través de la crispación, lo que les permite imponer una visión concreta de la realidad.

Pero esta estrategia no es exclusiva de los populismos, sino que la utilizan todos los actores políticos en busca de la adhesión y, en suma, aprobación de los ciudadanos. Recurren al mecanismo de generar falsas expectativas a partir de un discurso secuencial y aparentemente lógico que mantiene la uniformidad incluso en su proyección a futuro. Engañar sobre situaciones que no han pasado todavía es, por definición, un contrasentido, porque es imposible rediseñar un hecho que aún no se ha producido.

Solo podemos constatar la verdad de un hecho verificable, por lo que solo podemos situarlo en el pasado. Por eso, el engaño preventivo se sitúa en un plan doblemente virtual. La política, las religiones, y también las promesas de amor o las terapias mágicas, se basan fundamentalmente en esta técnica, que arroja grandes resultados cuando el clima político y social es de gran inestabilidad e inseguridad, o cuando los procesos de autoestima, ya sea individual o colectiva, pasan por una mala racha. Con esta técnica se promete un futuro factible a partir de los deseos de las personas que escuchan. Para que sea efectiva, es necesario que se construya un discurso con cierta lógica interna, se contraponga a otros que por comparación siempre serán menos deseables, y que la persona a la que se dirige se movilice mentalmente.

Capítulo aparte merece la forma más prevaricadora de la mentira: la hipocresía, entendida como la manifestación de juicios de valor que atenten contra nuestros propios principios o pensamientos. Es decir: hablamos de la capacidad de un individuo para defender postulados en los que no cree. Se contrapone a la sinceridad, que en este caso es sinónimo de verdad, aunque sea solo mentalmente. La seducción es su fundamento, y resulta especialmente sangrante cuando cualquier filtración, revelación o confesión demuestra que entre palabras y hechos, o entre manifestaciones públicas y privadas, hay un abismo. Pero ¿es la hipocresía el más condenable de los engaños? ¿No es peor la mentira deliberada?

Tendríamos que reflexionar sobre si preferimos a un embustero que utiliza la mentira para crear relatos en beneficio propio, con total impudicia, o si nos estimamos más a un hipócrita, que esconde lo que piensa realmente porque sabe lo que es correcto desde un punto de vista moral y ético. Sobre este último, sabemos con seguridad que sabe lo que es aceptable y lo que no, y que maneja nociones sobre lo que es una verdad compartida o socialmente aceptada. Al otro, en cambio, le es absolutamente indiferente lo que es compartido, tratando de alterar mediante la mentira los consensos básicos de convivencia en beneficio propio.

Como todas las técnicas de engaño, la hipocresía persigue unos objetivos, y en este caso resultaría igualmente rechazable o condenable. Pero se puede establecer una diferencia sustancial, ya que se construye sobre un terreno que tiene en cuenta la moral. La hipocresía, al contrario de lo que se pueda pensar, no es la forma de engaño más inmoral, pues tiene en cuenta a los otros y lo que es socialmente aceptable. ¿Podemos condenar a un racista por no mostrar su tendencia públicamente? El nazismo no era hipócrita: sencillamente mentía. Construyó una enorme mentira sobre los judíos para que quedara fijada como verdad irrefutable, y así poderlos perseguir sin contemplaciones.

En esta misma categoría podríamos incluir el arte de disimular. Es una manera de encubrir la participación de alguien en una realidad narrada. Forma parte de la retórica en un estadio primigenio de la ocultación. Cuando alguien es interpelado con cualquier proposición y prefiere hacer como si oyera llover, está desplegando un mecanismo de defensa a través de la ocultación. Quien disimula prefiere esconderse en el silencio antes que transformar o inventar algo con una argumentación que no le es propia. Visto así, nos hallaríamos frente a una forma de hipocresía ética, en el sentido de que el disimulo conlleva la voluntad de esquivar incluso la más benévola de las mentiras: la hipocresía.

Pero también esta forma puede ser cómplice de relatos inmorales y perjudiciales. Quien calla es cómplice de quien habla, es decir: participa en la construcción del discurso de quien decide expresarse. Ante ciertas formas de relato, sobre todo aquellas que se sustentan en el odio y en el ataque a los otros para imponerse, el disimulo no deja de ser una forma de ratificación. Es por eso que los valores morales y éticos resultan imprescindibles en la construcción de la verdad, porque solo respetándolos seremos capaces de discernir cuándo una técnica para mentir —ya sea la hipocresía, la exageración o el disimulo— se impone en nuestro entorno y es aceptada.

El poder legitima la mentira

En su libro *Réquiem por el sueño americano*, Noam Chomsky analiza con especial perspicacia los mecanismos para la instauración de verdades compartidas, incluso en el caso de las alternativas que no se ajustan a los hechos. Según el pensador norteamericano, cada vez se cree menos en los hechos porque, sencillamente, se ha dejado de dar crédito a los medios, que han pasado a ser percibidos como portavoces de instituciones en decadencia.

Curiosamente, esta deriva no aminora la iniciativa de los poderes, sean los que sean, a la hora de fabricar realidades, sino que la impulsa. En un universo en el que no se tienen en cuenta los hechos, lo que se impone es el relato, y por tanto la capacidad para diseñar verdades la ostentan todos aquellos que cuentan con mayores recursos a la hora de difundir eficazmente su narración.

Chomsky asegura que quien dispone de recursos cuenta con la máquina perfecta para legitimar mentiras y convertirlas en relatos propios del imaginario colectivo. Reflexiona también sobre cómo el capitalismo de estado ha generado dinámicas informativas que le son favorables. Los principales beneficiarios trasladan a la ciudadanía la idea de que es el Estado mismo, como recaudador de impuestos y no como redistribuidor de riqueza, el principal enemigo a batir. Analiza cómo se diseñan realidades jugando con la psicología de los usuarios de los medios o de las redes, para hacerles creer en un modelo individualista alejado de la realidad corporativa en que se desenvuelve un sistema de poder que, sobre todo, favorece a las grandes fortunas con una distribución de la riqueza con forma de pirámide invertida.

En este relato, en que se presenta al Estado como enemigo de la propiedad privada, se obvia, por ejemplo, que el gran impulsor de las grandes fortunas es este mismo Estado, que desvía gran parte de sus recursos a las grandes empresas, propiedad de magnates poderosísimos. La mayor parte de las multinacionales del mundo occidental se beneficia de las grandes inversiones para la contratación pública en ámbitos como la sanidad, la enseñanza, las infraestructuras y la seguridad, tanto interna como externa, de los países.

El poder ha legitimado su relato, que no coincide con la realidad, poniendo el esfuerzo como motor de recompensa de los individuos. Según esta narrativa, detrás de las grandes fortunas hallaríamos la capacidad y tenacidad de los beneficiados, quienes gracias a su talento y dedicación habrían dado con la fórmula del éxito.

En los últimos años, los genios de la creatividad son los grandes magnates de Silicon Valley: auténticos iconos de la victoria individual, que todo el mundo debería tomar como ejemplo. Sin embargo, la mayor parte de los inventos y descubrimientos sobre los que se asienta su riqueza son, a menudo, consecuencia de un trabajo previo desarrollado en centros de innovación y universidades, financiados por todos nosotros. Hablamos, por ejemplo, de aportaciones técnicas como las pantallas táctiles, los localizadores, el sistema GPS o la red de distribución de señal de las telecomunicaciones.

Todo esto se ignora por completo en el relato de la emancipación, según el cual el talento individual es el generador mismo de riqueza. Se encubre la realidad, porque el riesgo es público, pero la recompensa privada. Es lo que Chomsky denomina capitalismo de estado, un sistema basado en la inversión pública, que socializa las pérdidas y privatiza las ganancias.

No estamos muy lejos de una cosmovisión feudal, en la que las personas solo pueden ascender dentro del grupo en el que les ha tocado nacer. Esta era una mentira legitimadora propia de la Edad Media, en la que se defendía que las sociedades eran estamentales, tal como la divinidad las había estructurado. Los poderes religiosos, políticos y económicos diseñaron una narración ajustada a unos intereses que justificaba que el esfuerzo común se distribuyera de manera inequívoca y en favor de unos intereses determinados, en este caso la aristocracia y el clero. Así pues, es un ejemplo de cómo la propiedad de los recursos, y sobre todo sus réditos, eran consecuencia de una construcción moldeada por la fuerza, pero sobre todo por la legitimación de un relato compartido y hegemónico. En el caso del medievo, a partir de la idea de un mito exógeno y todopoderoso, y a partir de las revoluciones burguesas, con la construcción del concepto de libertad individual como único eje conceptual. En ambos casos, se crean mitos sobre los que se asientan unos relatos que a la vez dotan de discurso a las formas de dominación aceptadas.

Los totalitarismos del siglo XX —el fascismo italiano, el nazismo alemán, el franquismo español y el socialismo soviético— definieron un concepto de verdad todavía vigente en las democracias actuales, y edificaron las barreras que coartan la libertad de prensa e información. Esta construcción convive hoy con el modelo liberal de individualismo, y sitúa en el centro del debate el mito del destino común, el del respecto a una idea colectiva con una finalidad inapelable.

El régimen comunista estructuró varias tesis según las cuales la libertad de expresión, creación e información eran poco más que fantasías pequeñoburguesas ligadas al individualismo ilustrado, que poco tenían que ver con las necesidades colectivas, y que buscaban ensalzar el valor de las élites partiendo del concepto de propiedad y dominio. Por eso el Estado se arrogaba la autoridad de crear realidades necesarias en el cuerpo social que formaran parte del futuro colectivo.

Este paraguas teórico, heredero del llamado pragmatismo epistemológico —que entendía la verdad como un concepto ligado a su utilidad—, justificaba el reescribir los hechos en función de las necesidades sociales. Para poder argumentar las decisiones del presente con vocación de futuro, había que diseñar realidades pasadas que les dieran una continuidad lógica. El punto de partida era relativamente sencillo. Como señalaba George Orwell en *El poder y la palabra:* «Los amigos del totalitarismo acostumbran a argumentar que, dado que la verdad objetiva es inasequible, una gran mentira no es peor que una pequeña. Señalan que todos los registros históricos son inexactos y tendenciosos o, por otro lado, que la física moderna ha demostrado que lo que nos parece el mundo real es en realidad una mera ilusión. Creer en la evidencia de los sentidos es filibusterismo».

Son palabras que escribió poco antes de redactar la célebre novela *1984,* en la que describía lo que algunos leyeron como una profecía, pero que más bien era un aviso sobre el futuro que podía esperar a Europa y al mundo si no se tomaban en serio los riesgos de no respetar con rigor la libertad de pensamiento y expresión. En esta obra creó la figura del Ministerio de la Verdad, un temor que ha acabado reavivándose en los últimos años a raíz de la tentación de varios gobiernos por controlar y regular los contenidos en redes sociales a partir de la dicotomía entre realidad y mentira. ¿Quién dictará qué es cierto y qué no? Y tras haber repasado las diversas técnicas de engaño, ¿qué grados de falsedad serán los aceptables?

Todo ello sirve para evidenciar que el poder es un engranaje de grandes dimensiones que necesita del relato para mantener sus postulados y el control social. Visto así no resulta arriesgado asegurar que el poder, o los poderes, es una auténtica fábrica de mentiras: una cadena de producción de narraciones que deforman, transforman o manipulan la realidad para que encaje en un relato que sostenga al *statu quo.*

Todas las formas de poder conocidas a lo largo de la historia han buscado legitimar sus acciones sobre postulados históricos, y por tanto han elaborado discursos que buscan hacernos creer que todo sigue un curso lógico. Han entendido la importancia de crear memoria, dejando escritos unos hechos sobre el pasado a través de los cuales poder fundamentar las acciones del presente y diseñar el futuro.

El poder es, sin duda, la principal fuente de legitimación de la mentira, porque no es nada más que una convención sustentada sobre una ficción o una realidad deformada. La verdad absoluta no es jerárquica porque, de existir, no habría ningún otro poder más que ella misma, como bien sabían los hombres y mujeres en la Edad Media, sometidos a la voluntad de un supuesto todopoderoso contra el cual no podía alegarse nada.

En este punto, cabe recuperar el concepto de censura, que es el mecanismo utilizado cuando se controla la comunicación para tratar de silenciar u ocultar las realidades que chocan con los discursos interesados. Si lo planteamos en términos de verdad, es la forma coercitiva de esconder la realidad predominante.

La censura, de hecho, ha sido la estrategia más utilizada por el poder para lograr la hegemonía sobre el relato. Desde la Grecia clásica, con el asesinato de Sócrates por expresar ideas contrarias a los dioses ancestrales, pasando por la Edad Media, con el arresto de Galileo por negar el teocentrismo, hasta los regímenes autoritarios del siglo XX, con la ejecución, por poner un ejemplo, del poeta Federico García Lorca, la historia nos muestra distintas formas de ejercer la represión para así consolidar los relatos imperantes.

De hecho, el poder siempre se arroga a sí mismo la capacidad de fijar el marco de libertad en el que se expresarán las ideas y se relatarán los hechos. Todos los ordenamientos jurídicos incluyen una regulación sobre los límites de la expresión y el pensamiento. Así pues, todas las sociedades delegan en estos poderes, por imperativo en el caso de las dictaduras o por contrato social en el de las democracias, la capacidad para perseguir lo que se considere excesivo en lo que se publica o difunde. Estamos hablando, pues, de disponer de herramientas para modelar los discursos. La libertad de expresión, incluida en todos los ordenamientos jurídicos democráticos, se considera un derecho fundamental, pero esto no quiere decir que sea absoluta. Cada país, cada sociedad, decide los límites a través de complicados laberintos normativos. Son los poderes constituidos los que dicen cómo, dónde y cuándo se pueden expresar las ideas en el espacio público.

Los medios de comunicación están regulados por estrictas normativas que definen los mensajes que se pueden difundir. En España, delitos tipificados como el de odio o el del honor, o los que guardan relación con las instituciones estatales, como la corona o la justicia, marcan un límite. Con la irrupción de las redes sociales y su impacto en la comunicación masiva, se han vuelto a abrir nuevas formulaciones para tratar de controlar el flujo incesante e incontrolable.

Con todo, la distancia entre estas barreras y las de los regímenes autoritarios, o las de las monarquías teocráticas —y, por supuesto, las de los regímenes feudales— es abismal.

En las democracias, la censura no es el principal instrumento con el que redirigir los discursos cuando se creen inconvenientes. Desde el nacimiento de la prensa, y por tanto de la difusión masiva de información, el mecanismo más eficaz ha sido la autocensura.

Explica Noam Chomsky que la autocensura es la fórmula más extendida en las redacciones informativas a partir de la segunda mitad del siglo XX. Los periodistas noveles, cuando se incorporan a un equipo, tratan de adaptarse rápidamente al entorno en el que deberán pasar buena parte de las horas del día, y en el que tendrán que luchar para hacerse un lugar. Más allá de las técnicas de trabajo, que se aprenden con la práctica y la experiencia, una de las primeras lecciones que aprenden es cuál es la dirección de los mensajes, y cuál el sesgo del discurso. Si no son suficientemente perspicaces, el entorno los reconducirá por el camino correcto para que no caigan en la tentación de elaborar discursos que desagraden o incomoden a aquellos para quienes trabajan. Y es así cómo el trabajador va incoporando poco a poco los mecanismos de la autocensura. Sigmund Freud estudiaba la represión en las conductas sexuales y en la relación con los otros. La autocensura es el mismo fenómeno, pero aplicado al mundo de la comunicación.

Muy relacionadas con este concepto, encontramos a las verdades gregarias. O lo que es lo mismo: la capacidad que tiene el poder para generar corrientes ganadoras de pensamiento. Y no solo el poder político, pues como sabemos la influencia no es algo exclusivo del mundo de la política, tal y como quedó demostrado de manera elocuente con la reciente crisis financiera, en la que la capacidad pública de respuesta fue escasa. Y cada vez menor.

Denominamos verdades gregarias a las que consiguen ser compartidas a partir de parámetros de seguimiento masivo. Son equiparables a lo que en ciencias políticas se denomina teoría del caballo ganador. También las verdades ganan o pierden, y las que triunfan son, por lo general, las que tienen un mayor seguimiento. Por eso, una manera de amasar poder es conseguir crear estas verdades, pues ponen en una situación comprometida a quienes dudan o no están dispuestos a creerlas. Surgidas de manera calculada, suelen actuar teniendo en cuenta unas áreas previamente establecidas de confort, para que puedan ser aceptadas con cierto grado de satisfacción.

Es aquí donde se establece el mecanismo del miedo en el discurso político y social que tanto éxito ha tenido, sobre todo a partir del siglo XX. Los seres humanos nos movemos, tal y como detectó Epicuro, por dos grandes pulsiones: la búsqueda del placer y, sobre todo, la repulsa del dolor. Los poderes tienen la capacidad de establecer los parámetros de cada una de las situaciones emocionales a partir de conceptos abstractos e inteligibles para los mortales.

Una vez estos conceptos quedan fijados en el imaginario colectivo, se juega con la polaridad para evaluar cada una de las acciones, y se establece un patrón moral según el cual se pueda ir clasificando cualquier hecho o actividad. Bajo este paradigma, tan propio de cualquier construcción del pensamiento, resulta bastante fácil incidir sobre la conciencia de los individuos para que valoren cada una de las decisiones del poder. Los hechos, por naturaleza, no tienen ningún valor y no se mueven bajo los parámetros de ningún código moral, ni mucho menos se bifurcan entre el bien y el mal. Pero el poder no habla de hechos, sino de realidades convertidas, en este caso, en una entidad perfectamente evaluable y, por tanto, fácilmente condenable o elogiable. Es en esta evaluación cuando puede tener recorrido jugar con el concepto de riesgo o de pérdida del camino hacia el paraíso interior. El discurso del miedo está pensado para hacer creer que los relatos que se le oponen romperán la armonía, entendida como el hecho natural o normal, inevitable, y por extensión preferible.

Y junto a esta constatación nace otra, que podría parecer contradictoria pero que en realidad es complementaria. Las realidades no necesariamente tienen que venir avaladas por el concepto moral de la verdad. Dicho de otro modo, el engaño gregario, entendido como la mentira aceptada, también se convierte en un mecanismo para hacer que el valor de la verdad pierda interés en determinadas circunstancias. El documental *(Dis)honesty: The Truth About Lies,* del año 2015, nos demostraba esta tesis a través de los experimentos del psicólogo conductual Dan Ariely. Según demostraba, la mayor parte de las personas aceptamos la mentira a partir del momento en que detectamos que es asumida de forma mayoritaria. Es el fenómeno del «todo el mundo lo hace». En esta percepción, somos capaces de elaborar un discurso de la realidad en el que se legitima un engaño a partir de una mentira percibida. Esto explica las mentiras masiva en los currículums, el dopaje en el deporte o el hecho de copiar en los exámenes, e incluso la corrupción en pequeñas acciones como no pagar el IVA, no declarar bienes inmuebles o patrimoniales para esquivar la carga fiscal, o cobrar comisiones ilícitas a gran escala. Cuando se entienden como una práctica extendida y común, claro.

Estos engaños asumidos como lícitos confeccionan una realidad por sí mismos. ¿Alguna vez nos hemos planteado por qué partidos manifiestamente corruptos continúan teniendo un apoyo masivo en las urnas? La respuesta es porque se ha creado una realidad gregaria a partir del engaño, o la percepción deformada del «todo el mundo lo hace». Muchos electores no condenan las actitudes nocivas porque perciben que todos los partidos logran el poder para sacar el máximo beneficio al margen de la ley.

Es un discurso que, evidentemente, favorece al ladrón, pues le impulsa a continuar haciendo lo que hace, y a la vez sitúa los parámetros de la política, de la gestión pública, en la esfera del beneficio privado, como si fuera una realidad inexorable. En este caso, la verdad gregaria rompe la barrera de la verdad moral: aquella que se impone por el imperativo ético, la contraposición entre lo que es deseable y lo que no lo es, el bien y el mal, el paraíso y la decadencia.

Huelga decir que, en función de cómo se exponga esta realidad en los medios de comunicación, se acaba convirtiendo en gregaria o no. Si los medios exponen sin categorizar los casos de corrupción, sin ninguna gradación comprensible, se instala, en efecto, la concepción de que el poder es corrupto por naturaleza.

En este punto es donde toma importancia otra de las manifestaciones de la mentira: el fraude. Es sencillamente la perversión más absoluta entre lo que se dice que se hará, o se tiene la obligación de hacer, y lo que se hace o se acaba haciendo. Cuando decimos que alguien se siente defraudado es que esperaba otra cosa diferente a la que ha acabado sucediendo. Sería un engaño en diferido. Las mentiras gregarias son un antídoto eficaz. Si diseñamos un relato en el que no se puede esperar nada, o donde incluso se crea la certeza de que los que nos hacen promesas harán lo contrario de lo que dicen, la sensación de engaño se rebaja considerablemente. Por ejemplo, los electores de los partidos corruptos, o los seguidores de un ciclista dopado, no se lo tienen en cuenta por la sencilla razón de que en realidad ya se había calculado esa posibilidad. Si se consigue que esta sea la realidad que empape a una amplia mayoría de la población, se creará una verdad gregaria que se aceptará y tolerará con facilidad. No cabe duda de que el poder tiene un mayor margen para crear estos discursos, frente al que disponen los ciudadanos de a pie.

El poder, de hecho, está tan convencido de dominar el relato, que puede esconder sin problema todo lo que podría cuestionarlo, y dispone de la prerrogativa de magnificar o difundir todo lo que crea que le podrá beneficiar. Y no dudará en hacerlo cuando le convenga a su posición de dominio. Desde la superioridad es relativamente sencillo tener al alcance los tentáculos necesarios para difundir lo que haga falta, o para esconder lo que no interese.

Los mecanismos de que dispone son enormes, de todo tipo, porque el poder es el que detenta los medios de coerción legítima y, a la vez, controla todos los instrumentos necesarios para actuar contra los menos legítimos en caso de ser necesario. El uso legítimo de la fuerza, atribuido a la violencia en casos de subversión, no es solo física; también se emplea en un sentido coactivo, con la potencia que da disponer de la regulación de los medios de producción, su propiedad, y la capacidad para chantajear disimuladamente a fin de lograr los objetivos. La violencia, con legitimidad o no, es una forma que restringe la libertad sobre los que son susceptibles de recibirla, cosa que los que la ostentan lo saben, y la usan en función de sus intereses.

Un ejemplo de esta práctica, la de hacer pasar por buena una mentira mediante la legitimidad del poder, fue la llamada que el presidente del gobierno español José María Aznar hizo en 2004 a los principales medios de comunicación a raíz de los atentados islamistas del 11 de marzo en Madrid. En aquella ocasión los instó a publicar que la autoría de los ataques era de la organización terrorista ETA, a pesar de las dudas ya manifestadas por la prensa internacional.

Aznar no estaba equivocado en su manera de proceder, más allá de los juicios morales que podamos hacer. Jugaba con la ventaja que el poder ejerce sobre el relato, y que en el mundillo de los medios de comunicación se denomina «fuente oficial». La que, por definición, obtiene una mayor credibilidad por parte de la dirección de los medios. Cuando una noticia genera dudas o rumores, el modo de darle apariencia de verosimilitud es precisamente apelando a una fuente de organismos oficiales. Es decir: estamentos vinculados directamente con el poder político.

En infinidad de ocasiones hemos escuchado formulaciones como por ejemplo «según fuentes oficiales», «según fuentes del gobierno», «las agencias internacionales informan». Son fórmulas que dan a entender que el origen de la información, o de su contraste, proviene de instituciones ligadas al poder político. Así pues, el presidente español pensó que si él era quien se encargaba personalmente de trasladar la información a los directores de los principales medios de comunicación, esta no podría ser debatida, ni discutida, ni mucho menos negada. ¿Qué fuente es más oficial que la del jefe del ejecutivo? ¿Quién tiene mejor información que él?

La fiabilidad que se otorga a las fuentes oficiales es una muestra más que elocuente de cómo hemos configurado un universo informativo en el que el poder tiene la sartén por el mango. Y es ilustrativo de cómo puede disfrazar la realidad que se transmite.

No obstante, la verdadera clave de los contextos de realidad creados por los poderes no está en el relato de los hechos concretos, sino en la construcción de marcos conceptuales que nos lleven a la persecución de objetivos individuales o colectivos. Esto es lo que explica la influencia en la creación de agendas temáticas, pero sobre todo de imaginarios colectivos.

Tomemos como ejemplo la publicidad. El lenguaje del *marketing* también genera una realidad: la de los anhelos, los sueños y las ilusiones. En la fabulación de lo que es posible y deseable, se redibujan unos objetivos en la realidad fáctica y en las acciones de todos los actores para poder alcanzar la utopía dibujada. Las religiones y las ideologías son precursoras de esta forma de discurso abstracto, que establece lo que sería deseable, más que lo que en realidad es.

También la ficción ha jugado un papel sustancial en esta función. Los patrones de la literatura y el cine son básicos en la arquitectura cultural de cualquier colectivo humano a la hora de diseñar los valores y objetivos sobre los que edificar nuestras acciones. Ver la realidad a través de unos objetivos vitales no es lo mismo que percibirla neutra, tal y como nos llega. Las formas de la ficción configuran un marco con el que poder darle a lo que sentimos una explicación y razón de ser.

A partir de estos apriorismos, que en este caso actúan como mandamientos, disponemos de un sistema de valores con el que juzgar toda la realidad que nos rodea. Creando marcos de realidades abstractas, se pueden justificar todos los contextos concretos de la realidad. Se trata de un simple ejercicio de equiparación o comparación, o dicho de otro modo, de valorar los hechos a partir de su ensambladura en el sistema.

La mentira legítima

La mentira, la falsedad o el divorcio de los hechos con respecto a su relato tienen una coartada. Quienes la practican, y aún más si sus tentáculos provienen del poder y detentan una posición de dominio sobre los receptores, deciden si estratégicamente es buena, porque de alguna manera paliarían los efectos nefastos de una verdad que se oculta deliberadamente. Esto es así porque, en teoría, la verdad se considera peligrosa, incómoda o inconveniente para los supuestos destinatarios finales: los ciudadanos.

Este argumento explica el nacimiento de la mentira legítima, que se fundamenta en la protección de los que la reciben debido a los riesgos que comporta la verdad. De entrada, esta mentira presupone que hay quien dispone de un acceso a la información que el resto no tiene. Da por válido, por lo tanto, el dicho que asegura que la información es poder; en este caso, el de reservarse la potestad de distribuirla según convenga, como se quiera y a quien más interese.

La filosofía de esta práctica queda perfectamente retratada en esta cita del magnífico *San Manuel Bueno, mártir,* de Miguel de Unamuno: «¿La verdad? La verdad es acaso algo terrible, algo intolerable, algo mortal, la gente sencilla no podría vivir con ella». Los hechos, en consecuencia, pueden explicarse, o no, en función de lo que pensamos que es más soportable, más tolerable.

Las formas totalitarias de poder tienden a diseñar las realidades según su conveniencia, incluso en los regímenes democráticos. Un buen ejemplo es la historia relatada en la película *Los archivos del Pentágono,* dirigida por Steven Spielberg en 2017. Basada en hechos reales, en el film se explican las consecuencias que tuvo la publicación en el *New York Times,* en 1971, de los documentos que la administración norteamericana había custodiado durante años sobre la Guerra de Vietnam. Se trata de información secreta a la que tuvo acceso un funcionario, quien la sustrajo a escondidas para denunciar los hechos que se produjeron mientras el país se desangraba, en uno de los episodios más crueles de su historia, durante la Guerra Fría.

Estos documentos demostraban que la maquinaria bélica de los Estados Unidos había extendido sus ataques más allá del área en la que se había informado que se hacía. La promesa del presidente Lyndon B. Johnson de no ampliar el alcance quedó en entredicho y, por lo tanto, se supo que había engañado a la ciudadanía. La administración de Richard Nixon trató de frenar, sin conseguirlo, la publicación de los archivos mediante una gran campaña política y judicial contra los medios que querían difundirlos. Sabía que se exponía a un escándalo político de dimensiones colosales, en una sociedad especialmente sensibilizada por las imágenes de los ataúdes de los soldados norteamericanos muertos durante el conflicto. La administración americana tuvo que alegar, como justificación del engaño, las consecuencias nefastas que la verdad habría podido tener sobre la autoestima del pueblo, así como el favor que se estaría haciendo a la Unión Soviética en caso de destaparse.

Una filtración fue suficiente para que los norteamericanos, y de rebote el mundo entero, no albergaran duda alguna sobre el interés de la administración estadounidense en proteger unos secretos que confrontaban el relato oficial con el informe que los técnicos hacían sobre el terreno. ¿Cuántos secretos más se habrán quedado en el tintero —no solo en la primera potencia mundial—, por no haber dado con el funcionario comprometido con la verdad de turno?

Todos los países tienen servicios de inteligencia que trafican con información sensible, de la cual no tenemos ni la más remota idea de su existencia. Y es probable, por otro lado, que no queramos saber nada. Los poderes están convencidos de que, para preservar la seguridad y la paz de los ciudadanos, a veces tienen que recurrir a la aplicación de estrategias que no serían moralmente aprobadas si se hicieran públicas. Se aprueban y se ejecutan en silencio, lejos de los focos mediáticos, porque se supone que la finalidad que persiguen tiene una entidad superior, y el objetivo es tan importante que la naturaleza de los medios empleados para ello carece de importancia.

El escritor Javier Marías, en su novela *Berta Isla,* hace que uno de los personajes explique que los periodos denominados de paz son solo una ilusión, una falacia. Detrás de la fachada se combate en una guerra oculta. Los gobiernos, sin hacerlo público, hacen suyo el principio de que el fin justifica los medios, e incluso de que la mentira es una arma. Para los gobiernos, mentir no es ningún problema; lo es que los descubran engañando.

Hace poco hemos sido testigos de casos concretos que han sacado a la luz este juego. El más llamativo es el famoso escándalo del espionaje masivo de los servicios secretos norteamericanos revelados por Edward Snowden. Es un caso paradigmático. Este joven consultor, que había trabajado para la Agencia Nacional de Seguridad (NSA), decidió informar en 2013 a *The Guardian* de que los servicios de inteligencia estaban accediendo a los datos telefónicos de millones de ciudadanos, y a las comunicaciones de los servidores de varias compañías tecnológicas, tales como Google, Microsoft, Facebook o Yahoo. Las autoridades se justificaron aduciendo que esta práctica resultaba imprescindible para proteger a la población de la amenaza del terrorismo islámico.

Tres años antes, un programador, Julian Assange, publicó en una página web, *Wikileaks,* documentos secretos del ejército norteamericano en la Guerra de Afganistán.

Miles y miles de documentos que aportaban pruebas irrefutables del asesinato indiscriminado de civiles, torturas a reclusos y la colaboración de la administración norteamericana con los servicios secretos del Pakistán. También en aquella ocasión se acusó al inductor de la filtración de poner en peligro la seguridad del país, generándole problemas de toda índole durante años.

Son ejemplos que evidencian cómo el poder establecido, aquel que concilia los intereses entre lo político y lo económico —al que denominamos *establishment*—, es capaz de otorgarse a sí mismo la posibilidad de determinar cuándo tiene interés dar información sobre unos hechos, y cuando es mejor ocultarlos.

Es cierto que algunos Estados han regulado el tiempo que debe durar la confidencialidad de los secretos. En el caso de los Estados Unidos, se han estipulado periodos más o menos largos, que al acabar obligan al gobierno a ponerlos a disposición de la ciudadanía. Estas mismas regulaciones nos dan a entender que implícitamente aceptamos vivir en la ignorancia durante un periodo determinado. Toleramos que nuestra seguridad está más protegida en la ocultación. Una forma sofisticada de engaño.

En realidad, que nos atrasen el conocimiento de hechos relevantes durante años tiene otro objetivo. Los psicólogos han demostrado que la mentira se condena con menor intensidad cuanto más tiempo haya pasado. Así pues, un periodo dilatado anestesia la indignación y la ira que provoca un engaño, e incluso lo hace tolerable, o como mínimo lo relega al terreno de lo anecdótico. Tanto es así que, normalmente, cuando conocemos un engaño perpetrado hace mucho, o bien entendemos las justificaciones que nos dan del porqué de la maniobra, o bien quitamos hierro al asunto porque ya no nos afecta, pues los estafados y los mentirosos ya no están. No hay margen para determinar responsabilidades. El perdón a veces es una forma de olvido institucionalizado. En España, la ley de amnistía impuesta durante la Transición fue tan solo una argucia para aplicar este mecanismo. A la vez, como pasaba con la verdad gregaria, el hecho de que sepamos que este es un fenómeno extendido nos genera una aceptación por asentimiento, y damos por sentado que es inevitable, que no se puede hacer nada y que forma parte de la naturaleza de las cosas que las autoridades se arroguen la prerrogativa de mantenernos en la ignoracia.

Los casos de difusión masiva de datos o de espionaje al por mayor han supuesto grandes escándalos con cierto grado de hipocresía. A pesar de que ya conocemos a qué se dedican los servicios de inteligencia y las empresas con nuestros datos, los ciudadanos occidentales no paramos de facilitárselos sin darle demasiada importancia, y usamos a diario artefactos tecnológicos que nos exponen al voyerismo tanto de la administración como de las grandes corporaciones privadas. O del poder, dicho de otro modo. Lo valoramos como un mal menor que estamos dispuestos a asumir, porque nos facilita el acceso a bienes superiores, como puedan ser la comodidad y la facilidad de acceso a servicios que nos parecen necesarios.

Jeremy Rifkin reflexiona sobre esta cuestión, y admite que los nuevos modelos de comunicación están cambiando la consideración que tenemos de la privacidad como valor supremo. Según el economista norteamericano, las generaciones digitales están más interesadas por las ventajas que les supone la exposición al Gran Hermano universal, antes que por preservar su intimidad.

La protección de las personas mediante realidades construidas para intentar minimizar los efectos negativos de la cruda realidad es lo que en la esfera privada se conoce como mentira piadosa. Sin embargo, este artefacto retórico se entiende en un ámbito que presupone intimidad y empatía. No resulta aceptable que los poderes actúen con los ciudadanos como si formaran parte de su entorno íntimo y tuviesen este grado de empatía. Resulta cuanto menos sospechoso que intenten evitarnos el mal, lo que nos hace pensar que probablemente no sea la piedad lo que les lleve al uso del engaño, sino más bien el intento de neutralizar nuestra capacidad para incidir directamente en el juicio de sus gestiones.

La idea de la mentira legítima tiene su germen en la concepción de que la verdad no es un bien incuestionable. Como hemos visto, resulta intolerable un discurso en el que no exista cierta licencia para ocultar la realidad, o en el que no se pueda adornar en vista de no herir sensibilidades.

En ocasiones la verdad no solo es inconveniente para el emisor, sino que sería absolutamente destructora para el receptor, rompiendo toda posibilidad de relación entre unos y otros. Es por ello que, en la mayoría de los casos, optamos por tener en cuenta la posible recepción de nuestro relato antes de soltarlo.

Este es uno de los principales elementos sobre los que se sustenta la mentira legítima: evitar males mayores. El problema es que la valoración de estos males siempre la hace quien tiene el poder de relatar, por lo que en muchas ocasiones su valoración no se hace en base al interés de quien tiene que recibir el mensaje, sino del suyo propio. Tras la mentira legítima se esconde un principio ético lleno de buenas intenciones, que comparten los valores de la empatía y la consideración. Pero también hay una trampa, o una simple coartada: se trata de un espacio cómodo sobre el que apoyar una conducta reprobable para hacerla pasar por un acto cívico, e incluso moral.

Todo ello son fórmulas que acaban legitimando la mentira como un bien casi necesario, con el cual es mejor convivir al haber llegado a la conclusión de que la verdad, como bien supremo, es un mecanismo retórico en un plano moral y que en la práctica tiene un valor relativo. La verdad, vista así, no es nada más que un mito, una utopía a la cual sería deseable acercarse, pero para la que no estamos preparados. Quema, asfixia, no es apta en un marco de relaciones en el que nos vinculamos a partir de intereses que no están fundamentados en este valor. Hay virtudes —como la sinceridad, la veracidad o la honestidad— que solo sirven para juzgar a los otros y para diseñar un relato de nosotros mismos que nos sitúe en un plano de superioridad.

En definitiva, la mentira legítima es el escudo en que podemos refugiarnos para explicar por qué continuamente estamos reconstruyendo la realidad, ya que nos vemos empujados a redecorar todo lo que vivimos. El problema no es el engaño, sino el objetivo que persigue. Todos sabemos que no valoramos, y por tanto no condenamos, todas las mentiras por igual.

Así pues, la verdad no es el bien supremo a preservar. Por el contrario, la valoración que hacemos de la mentira es lo que hace que demos más o menos valor a un relato. Mentir deliberadamente puede tener incluso un sentido moral, porque quien miente para proteger a los otros se adentra en una lógica de relaciones totalmente contraria a la de quien lo hace, presuntamente, con el objetivo de preservar la verdad, pero en realidad lo está haciendo para buscar su protección y beneficio.

El día que la nariz deje de crecer

La nariz no nos deja de crecer hasta que morimos. Este es el primer día en el que, de verdad, ya no podemos hacer nada al respecto: ni decir verdades ni desvirtuarlas en un entramado de juegos retóricos. Ya no tenemos la capacidad de mentir.

El día en que morimos comienza otro relato: el propio, pero articulado en boca de otros, quienes establecen aquello que hemos legado a las personas con quienes nos hemos encontrado o a quienes hemos influido.

Nuestra protuberancia frontal, la que queda justo debajo de nuestros ojos, que todo lo han visto, y sobre la boca, que ha explicado todo lo observado, deja de crecer.

A partir del momento en que morimos, nuestra realidad, la individual y la compartida, pasa a ser un legado que quedará expuesto a todas las versiones que de nosotros quieran dar. Es una herencia que reforzará o refutará las formas discursivas de los que todavía pueden decir algo; de los que puedan reconstruir, reformular y transformar la verdad.

Si pudiéramos despertar de este sueño perenne, nos daríamos cuenta de las muchas realidades que hemos sido capaces de crear a nuestro alrededor. Si pensamos en personajes como Julio César, Napoleón Bonaparte o Winston Churchill, por poner solo tres ejemplos, nos daremos cuenta de que toda la literatura escrita sobre ellos y sus acciones es un relato casi inabarcable para los mismos personajes. Seguramente se llevarían las manos a la cabeza al enterarse de las muchas versiones que circulan sobre su legado y su persona, y en muchos casos no se reconocerían, ni entenderían muchas de las gestas que supuestamente protagonizaron.

Pero los muertos no tienen capacidad de réplica y dejan, sin quererlo, libertad absoluta para crear relatos en torno a ellos y al contexto en el que desarrollaron cada una de las acciones en las que participaron. Quedan expuestos a todo tipo de interpretaciones y de construcciones retóricas, que en muchos casos están más dirigidas a justificar los actos de los vivos que los suyos propios.

Y esta es la gracia de la verdad. Afortunadamente no existe, o no la conocemos como un valor incontestable. Tal vez no podríamos imaginarnos un mundo que estuviera regido por una verdad absoluta. No hace falta que nos esforcemos mucho. Tan solo hemos de remontarnos a la Edad Media, a las sociedades feudales dominadas por verdades reveladas e inflexibles para percatarnos de que este mundo existió de verdad.

La verdad es la dictadura del pensamiento y nos aboca a un déficit de libertad conceptual. Encubre la tiranía, porque cuando es absoluta solo ordena y dicta. Se convierte casi en una fuerza todopoderosa, más propia de los sistemas teocráticos que de los sistemas estructurados sobre la libertad de pensamiento y opinión. Para reforzar esta idea, podemos leer la sentencia que dejó escrita C. P. Scott, director de *The Guardian:* «Las opiniones son libres, la verdad es sagrada». Y por tanto indiscutible, totalitaria.

Es por eso por lo que Hannah Arendt escribió estas palabras: «Desde el punto de vista de la política, la verdad tiene un carácter despótico. Por eso la odian los tiranos, porque temen acertadamente la competencia de una fuerza coactiva que no pueden monopolizar, y por eso no es muy estimada por los gobiernos que se basan en el consenso y rechazan la coacción. Los hechos se encuentran más allá de los acuerdos y los consensos, y ningún debate —ningún intercambio de opiniones basado en información correcta— servirá para establecerlos. Se puede discutir, rechazar o adoptar una opinión molesta, pero los hechos molestos son de una tozudez irritante; una tozudez que solo las mentiras son capaces de borrar. El problema es que la verdad factual, como cualquier otra verdad, exige perentoriamente ser reconocida y excluye el debate, y el debate constituye la esencia misma de la vida política. Las formas de pensamiento y de comunicación que tratan sobre la verdad, si se miran desde una perspectiva política, son dominantes por necesidad: no tienen en cuenta las opiniones de otras personas, aunque tenerlas en cuenta es el sello distintivo de todo pensamiento estrictamente político».

Así pues, la verdad no admite debate, y es por eso por lo que el debate político y su comunicación resultan imposibles a partir de realidades incontestables. De este modo, hemos convertido la verdad más en una variable de consenso que en un valor absoluto. Se construye a partir de factores imprescindibles, y lo primero, como apuntaba Friedrich Nietzsche, es que su aceptación convenga a todo el mundo. Aunque este no sería un factor único, porque los humanos necesitamos, además de verdades consensuadas y cómodas, certezas. Es decir: relatos que no se desmonten por la fuerza de los hechos y que no puedan ser replicados con facilidad.

Nos vinculamos más bien a discursos que respetan un patrón de apariencia, pero no nos interesa tanto tener la certeza de que la realidad esté certificada. Una cita clásica lo explicita con ironía: «La mujer de César no solo tiene que ser honesta, sino que ha de parecerlo». La leyenda sitúa esta sentencia como la respuesta atribuida al emperador romano Julio César, a raíz de la asistencia a una orgía como espectadora de su esposa Pompeya. Y esta es una máxima que resume con claridad la importancia de lo que se comunica más allá de la realidad.

Los discursos no se conforman a partir de una evaluación exhaustiva de los hechos, sino de la valoración que se hace de ellos. Por eso en la retórica política la verdad no es tan importante como la capacidad que tengamos a la hora de diseñar relatos que conformen un sentido de apariencia razonable y aceptable.

En política, o en cualquier actividad en que la autoridad sea un elemento de orden necesario, resulta más importante la credibilidad que la verdad, y esta no es siempre fruto de una búsqueda intensiva por descubrir lo que es, sino lo que parece que es.

En el año 2018, la primera sentencia del llamado caso Gürtel, sobre la corrupción al PP, ponía en entredicho la verosimilitud del testimonio del presidente del gobierno español, quien había asistido al juicio como testigo. Mariano Rajoy, interrogado por la prensa sobre esta cuestión, contestó preguntando a los periodistas sobre quién estaba autorizado para repartir carnés de credibilidad.

Los políticos, pero también los abogados, saben muy bien que los hechos se juzgan más por la apariencia que los rodea que por sí son ciertos o no. Cualquier periodista que haya asistido a lo largo de los años a mítines políticos o a vistas orales en los tribunales, ha podido comprobar en primera fila cómo se ensayan los recursos de la retórica verbal y gestual para intentar convencer a los auditorios. Se estudian las mejores formas para conseguir aparentar seguridad, humildad u honestidad, para connotar el discurso y dar la impresión de ser creíble más allá de lo que se explica. En definitiva, se persigue que lo que se relata se crea no solo por su contenido, sino por el envoltorio que lo acompaña. Se trata más de que nos crean que de que sepan.

La confianza, la genuinidad, la fidelidad y, en definitiva, la capacidad para seducir o persuadir se transforman en los auténticos vectores de la realidad. Las sociedades humanistas, por contraposición a los sistemas jerárquicos de verdades reveladas, se conforman a partir de un paradigma que sitúa la bondad de realidad a partir de la comprobación. Es decir, de la acción humana para demostrarla. Nada es o deja de ser por sí solo, sino que las cosas son o dejan de ser en base a nuestra capacidad para transmitirlas como ciertas, verídicas y verosímiles. Y en este sentido, están más cerca de ser un acto de seducción que de demostración empírica. Incluso en los sistemas de razonamiento basados en el sentido del contraste y la comprobación, se exige que creamos o confiemos en el funcionamiento de estos sistemas y en las técnicas sobre las que se sustenta la autenticación.

La verdad, desde este punto de vista, no es otra cosa más que el resultado de ecuaciones elaboradas a partir de enunciados que damos por válidos, o de la conjugación de proposiciones que parten de un cuerpo doctrinal que desde el principio tenemos que estimar como auténtico y genuino. Y, visto así, debemos admitir que la diversidad de sistemas puede ser tan amplia como queramos. Implícitamente, estamos dando por buena la tesis de que las verdades son múltiples.

Martin Luther King lo resumía con una frase que por sí sola nos sitúa ante un callejón sin salida: «Tu verdad aumentará en la medida en que estés dispuesto a escuchar la verdad de los otros». Se trata de una contradicción conceptual si atendemos al precepto de Michel de Montaigne, según el cual verdad solo hay una. Cuando Martin Luther King habla de varias verdades, en realidad está refiriéndose a relatos verosímiles o creíbles; a una construcción, al fin y al cabo, que coincida más con un orden lógico-racional que con un orden empírico, o con la capacidad de construir relatos y de escuchar los contrapuestos. En realidad, estaba defendiendo el valor de la libertad de expresión como garantía de una aproximación a la realidad. Y es precisamente por esta razón, de manera paradójica, por la que podemos afirmar que solo la diversidad de puntos de vista y de relatos nos aproxima a la verdad. Por eso los regímenes totalitarios o autoritarios gastan tanta energía y recursos en perseguir la libertad de expresión, porque son conscientes de que puede dotarnos de mejores instrumentos a la hora de acercarnos a la verdad, o por lo menos a la hora de quebrar las mentiras absolutas.

Esto nos acerca a una de las conclusiones más alentadoras del debate que hemos emprendido: buscar la verdad no significa encontrar un valor absoluto, sino desmontar los preceptos que nos atenazan la libertad y nos hacen esclavos de un sistema de valores que nos impide el progreso. En realidad, la verdad es un factor de libertad que impide que se imponga la mentira.

El revolucionario soviético Vladímir Ilich Uliánov, Lenin, promovió la teoría de las dos culturas dentro de una cultura, según la cual cada momento histórico produce una cultura dominante y conservadora, y otra minorizada y progresista. De este modo, la persona que guió los primeros pasos de la extinta Unión Soviética reclamaba la lucha dialéctica entre las verdades dominantes y las verdades críticas, en una guerra que sin duda debía servir para evolucionar hacia una verdad más basada en la realidad.

Y es aquí donde podríamos reclamar el derecho a la mentira sin inventarnos nada, pues esta idea viene recogida incluso en los principales ordenamientos jurídicos europeos: un acusado tiene el derecho a no decir la verdad en legítima defensa, es decir: a fabular sobre los hechos para que la versión que hace pública favorezca sus intereses.

Un derecho que, de hecho, todo el mundo tiene, y por ello aceptamos el secreto, y conceptos tan actuales como la intimidad o la privacidad. No son nada más que formas de ocultación que permiten no desvirtuar los relatos públicos que hacemos de nosotros mismos. En todos los regímenes democráticos existe la protección de estos valores, propios de sociedades en las que se entiende que cada cual es el propietario de su realidad y que, por lo tanto, tiene el derecho a decidir qué se hace público y qué no. También los colectivos tienen esta potestad, creando cuerpos doctrinales que puedan encubrir realidades que los nieguen o incomoden, y elaborando relatos que trasciendan los oficiales y propongan otros alternativos o complementarios.

Sin embargo, la prerrogativa de tener la posibilidad de mentir, en el sentido amplio del término, se encuentra en peligro, porque la nueva cultura en torno al Big Data la está poniendo en entredicho. ¿Cómo podemos presentar en público nuestra mejor cara si quien nos interpela es capaz de acceder a todas las improntas que hemos ido dejando a lo largo de nuestra vida?

Imaginémonos que nos encontramos en una entrevista de trabajo en la que hemos depositado grandes esperanzas. Para ella, hemos elaborado un perfil de nosotros mismos con el que estamos convencidos de que seduciremos a los contratantes. No obstante, el departamento de recursos humanos no solo ha revisado nuestras cuentas en redes sociales, sino que además ha pagado a las grandes compañías tecnológicas para acceder a nuestros datos privados. La empresa ya sabe que tenemos una enfermedad crónica, lo cual espera que expliquemos en la entrevista. Esto no pasará, porque sencillamente hemos previsto que este dato se tornaría en nuestra contra y nos perjudicaría. Lo que hemos decidido ocultar, la selección que hemos hecho para captar la atención, se ha topado con una interferencia decisiva. El contratante no solo sabe nuestro historial médico, sino que además nos evalúa como si fuéramos deshonestos, lo que hará que nos descarten. El departamento de recursos humanos exige sinceridad y honestidad, y nosotros, inconscientes de los datos que han sido capaces de recopilar, les hemos fallado en la cuestión de la confianza.

Las nuevas posibilidades tecnológicas están abriéndonos a horizontes hasta ahora insólitos sobre la definición de la verdad y los valores que la acompañan. Que seamos honestos o no ya no dependerá de nosotros: será una obligación que tendremos que asumir, dado que el rastro que habremos dejado no nos dejará alternativas. Se impondrá, en cierto modo, la tiranía de la verdad; aquella que cierra la puerta a rehacer los relatos, o a definirnos según nuestra conveniencia. En suma, a presentarnos con libertad.

Acostumbrémonos ya, pues, a una nueva era en la que el derecho a la mentira, aquel que debería asistirnos con la misma firmeza con la que nos atribuimos el derecho a conocer la verdad, será recortado. O quizás, tal vez, solo perdamos cierta capacidad de control. Porque, en definitiva, cuando algún otro tiene acceso a nuestros secretos, no podemos afirmar que se vaya a encontrar de manera necesaria con nuestra verdad, ni que esta sea la motivación que lo empuja. De lo que sí estará más cerca, seguro, será de rebatir nuestro relato, y de construirse uno propio sobre nosotros. Por lo tanto, en cierto modo, erosiona nuestra libertad para construirnos y relatarnos hacia los demás. El uso que hará de nuestros datos no se ajustará a una realidad irrefutable, sino a un insondable recurso retórico próximo a sus intereses. Las empresas no quieren acceder a nuestros datos para conocernos, sino para generar sus propios relatos sobre nosotros y lograr una mayor eficacia en términos de beneficio y productividad.

Porque como ya hemos reiterado, el poder se encuentra en la mentira. Y la mentira, y no la verdad, es la que necesita de datos, que son la munición con la que, con un buen envoltorio de palabras y giros conceptuales, es capaz de crear realidades. El acceso a la información no es necesariamente la gasolina para llegar a la verdad. Puede ser, y a menudo lo es, el carburante para construir relatos verosímiles y fiables, aunque se alejen de la verdad.

Y es aquí donde el periodismo tiene algo que decir y donde juega un papel importante. El periodista tiene la oportunidad, con el advenimiento de las nuevas tecnologías, de dignificar un oficio que a menudo ha sido esclavo de los intereses de las entidades para las que trabaja. La necesidad de disponer de inmensos recursos para difundir cualquier mensaje a través de los medios de masas ha sido nociva a la hora de asegurar la libertad de expresión y de información. Ahora las tecnologías permiten nuevas fórmulas laborales, más baratas y accesibles, que traspasan esta barrera.

Es una reflexión que se sustenta en la idea de que los periodistas deberían siempre buscar la verdad. Afirmación que, tras todo lo argumentado, bien podría parecer una flagrante contradicción. Pero no se trata de eso, sino de todo el contrario. Buscar la verdad no quiere decir encontrarla; quiere decir, sencillamente, aplicar unas técnicas y defender unos principios que sirvan para alejar el discurso de las versiones interesadas y distorsionadoras.

Para un periodista, este objetivo es un planteamiento moral que se expresa más en la forma que en el fondo. Se trata simplemente de que aplique con la máxima honestidad posible una metodología para investigar los detalles sobre lo que hablará. Consciente de que nunca podrá explicar la verdad, al menos sabrá que ha hecho todos los esfuerzos posibles por aproximarse a ella tanto como pueda, no con el ánimo de sacar un beneficio, sino con el de cultivar la curiosidad del lector, espectador u oyente. Para que, si así lo estima, continúe buscando más información sobre lo que le han contado.

Un periodista no sentencia: abre interrogantes a través de posibles respuestas. Este es el camino de la verdad del trabajo periodístico.

El oficio, recuperando la teoría de Lenin, ha de estar más cerca de la búsqueda de realidades críticas —las que dudan sobre las que ya están implantadas— que de las que dominan el panorama. Porque, en realidad, un periodista tiene una función esencial en un entorno de libertad de expresión, que no es otra que la de potenciar hasta el límite la duda sobre las verdades establecidas, y abrir interrogantes para evitar que las realidades creadas acaben llevándonos por el camino de la tiranía.

Es justo por eso que el debate sobre las *fake news* es tan interesante. No nos encontramos frente a un fenómeno nuevo. Asistimos, sencillamente, a otra guerra entre poderes establecidos y emergentes. En esta ocasión, entre las nuevas empresas tecnológicas y los colectivos que han hecho de las redes sociales y la comunicación en internet una nueva forma de empoderamiento. Con internet ha aumentado la capacidad de mentir porque se han magnificado el flujo y la extensión geográfica. Pero, en realidad, no ha cambiado nada que sea sustancial.

El doctor en periodismo Marc Argemí explica a menudo que las técnicas utilizadas para hacer pasar noticias falsas por verdaderas son exactamente las mismas que estaban en boga en los años treinta y cuarenta del pasado siglo. Nos insta a que no olvidemos que en aquella época los rumores también se fabricaban teniendo en cuenta los criterios de afinidad, y calculando la necesidad que tenían los ciudadanos de escuchar determinados relatos. Lo que hoy en día ha cambiado es que a las empresas tecnológicas les es más fácil el acceso a los datos para conocer nuestros deseos y, además, lo hacen con mayor eficacia y fiabilidad.

En definitiva, la mentira forma parte de la estructura de cualquier relato de poder. El siglo XXI se caracteriza por el advenimiento de una guerra despiadada por imponer imaginarios colectivos. Fenómenos de gran alcance como fueron el Brexit en el Reino Unido o el Procés en Cataluña son solo algunos de los primeros campos de batalla de una dinámica que promete convertirse en habitual.

Puesto que la verdad es inabarcable, como hemos repetido en varias ocasiones, de lo que se trata ahora es de ser capaces de generar relatos veraces. O, como decía el filósofo Giordano Bruno en el siglo XVI: *«Se non è vero, è bien trovato»*.

Bibliografía

Amorós, Marc. *Fake news, la verdad de las noticias falses.* Barcelona: Plataforma Editorial, 2018.

Arendt, Hannah. *Verdad y mentira en la política.* Barcelona: Página Indómita, 2016.

Argemí, Marc. *El sentido del rumor. Cuando las redes sociales ganan a las encuestas.* Barcelona: Península, 2017.

Casasús, Josep Maria; Núñez, Luis. *Estilo y géneros periodísticos.* Barcelona: Ariel, 1991.

Chomsky, Noam. *Réquiem del sueño americano.* Madrid: Sexto Piso, 2017.

Codi deontològic: Declaració dels principis de la professió periodística a Catalunya. Barcelona: Col·legi de Periodistes de Catalunya, 2016.

Comte-Sponville, André. *El alma del ateísmo.* Barcelona: Paidós, 2006.

Frankfurt, Harry G. *Sobre la verdad.* Barcelona: Paidós, 2007.

—*On bullshit, sobre la manipulación de la verdad.* Barcelona: Paidós, 2006.

González, Enric. *Cada mesa, un Vietnam.* Barcelona: Jot Down, 2017.

Harari, Yuval Noah. *Sapiens.* Barcelona: Edicions 62, 2014.

Hegel, Georg Wilheim Friedrich. *Fenomenología del espíritu.* Madrid: FCE, 2017.

Jarvis, Jeff. *El fin de los medios de comunicación de masas.* Barcelona: Gestión 2000, 2015.

Julibert, Joan, *La causa del periodisme.* Barcelona: Edicions Saldonar, 2017.

Marías, Javier. *Berta Isla.* Madrid: Alfaguara, 2017.

Nietzsche, Friedrich. *Sobre verdad y mentira en sentido extramoral*. Madrid: Tecnos, 1990.

Nixey, Catherine, *La edad de la penumbra*. Madrid: Taurus, 2018.

Orihuela, José Luis. «Los nuevos paradigmas de la comunicación». E-cuaderno, 2002.

Orwell, George. *El poder y la palabra*. Barcelona: Debate, 2017.

—*1984*. Barcelona: Lumen, 2014.

Pariser, Eli. *El filtro burbuja*. Madrid: Taurus, 2017.

Rousseau, Jean-Jacques. *El contrato social*. Madrid: Akal, 2017.

Schopenhauer, Arthur. *El arte de tener razón*. Madrid: Alianza Editorial, 2010.

Soto Ivars, Juan. *Arden las redes*. Barcelona: Debate, 2017.

Stuart Mill, John. *La subjugació de les dones*. Girona: Ela Geminada, 2013.

Terricabras, Josep Maria. *Allò que som*. Barcelona: Edicions del 1984, 2018.

Unamuno, Miguel de. *San Manuel Bueno, màrtir*. Barcelona: Bruguera, 1983.

Van Dijk, Teun A. *La noticia como discurso*. Barcelona: Paidós, 2002.

Desde Barlin Libros agradecemos
tu interés por *El poder de la mentira*.
Para enterarte de todas nuestras
novedades y publicaciones,
no dudes en visitarnos en:

www.barlinlibros.org

Y seguirnos en:
@barlinlibros

Asimismo, te invitamos a trasladarnos
cualquier consulta, duda, comentario
o sugerencia a través de nuestro mail:

editorial@barlinlibros.org

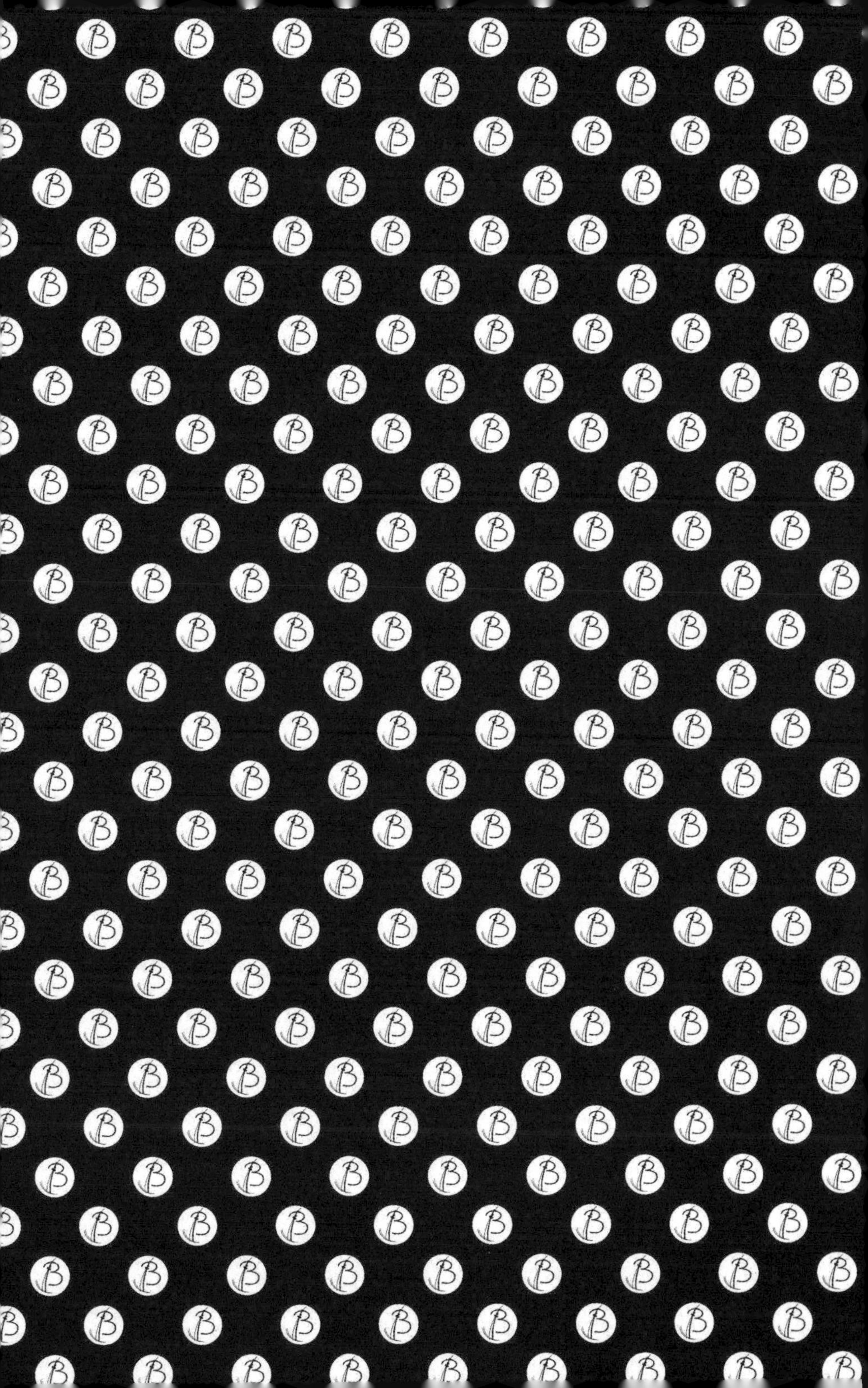

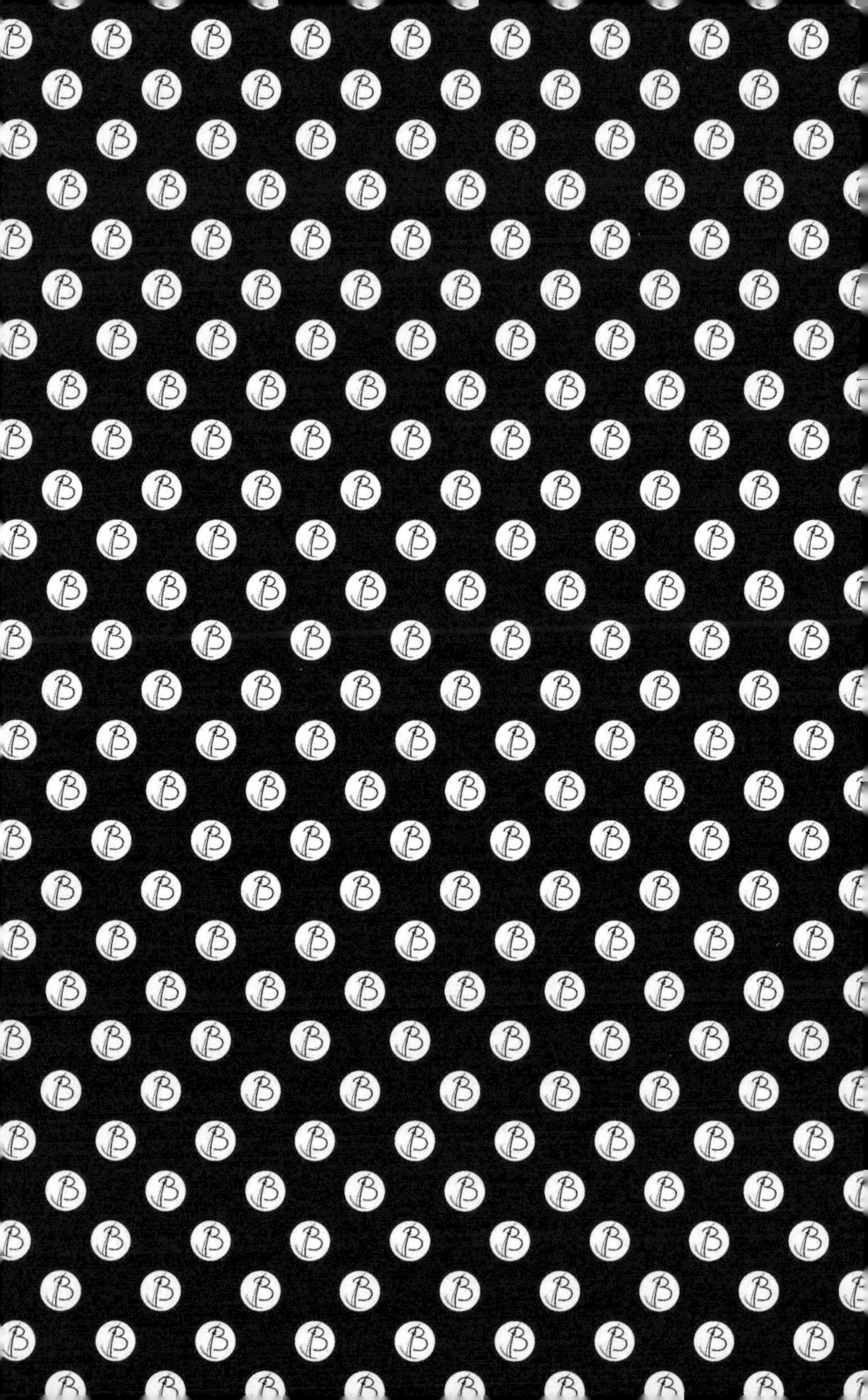

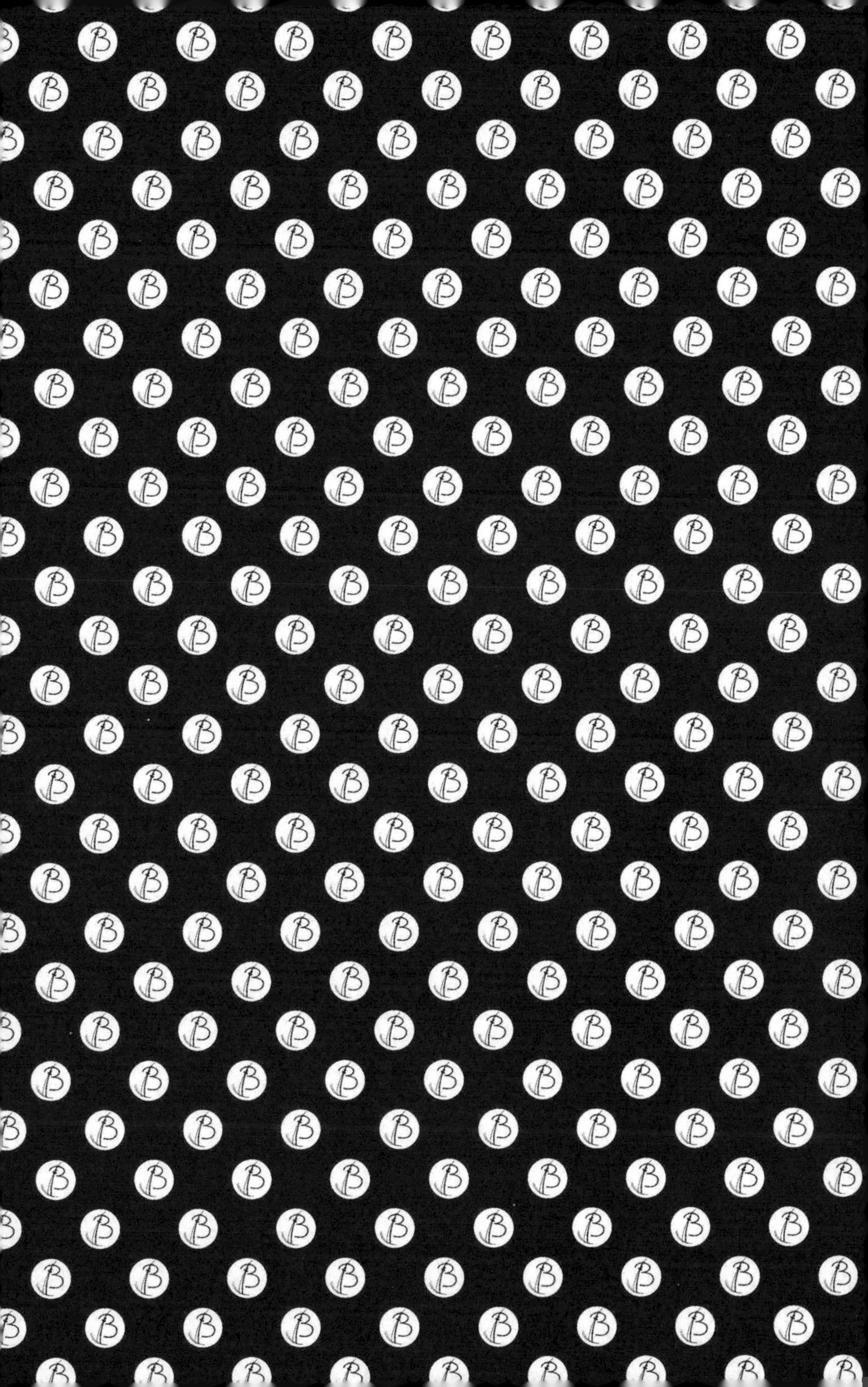

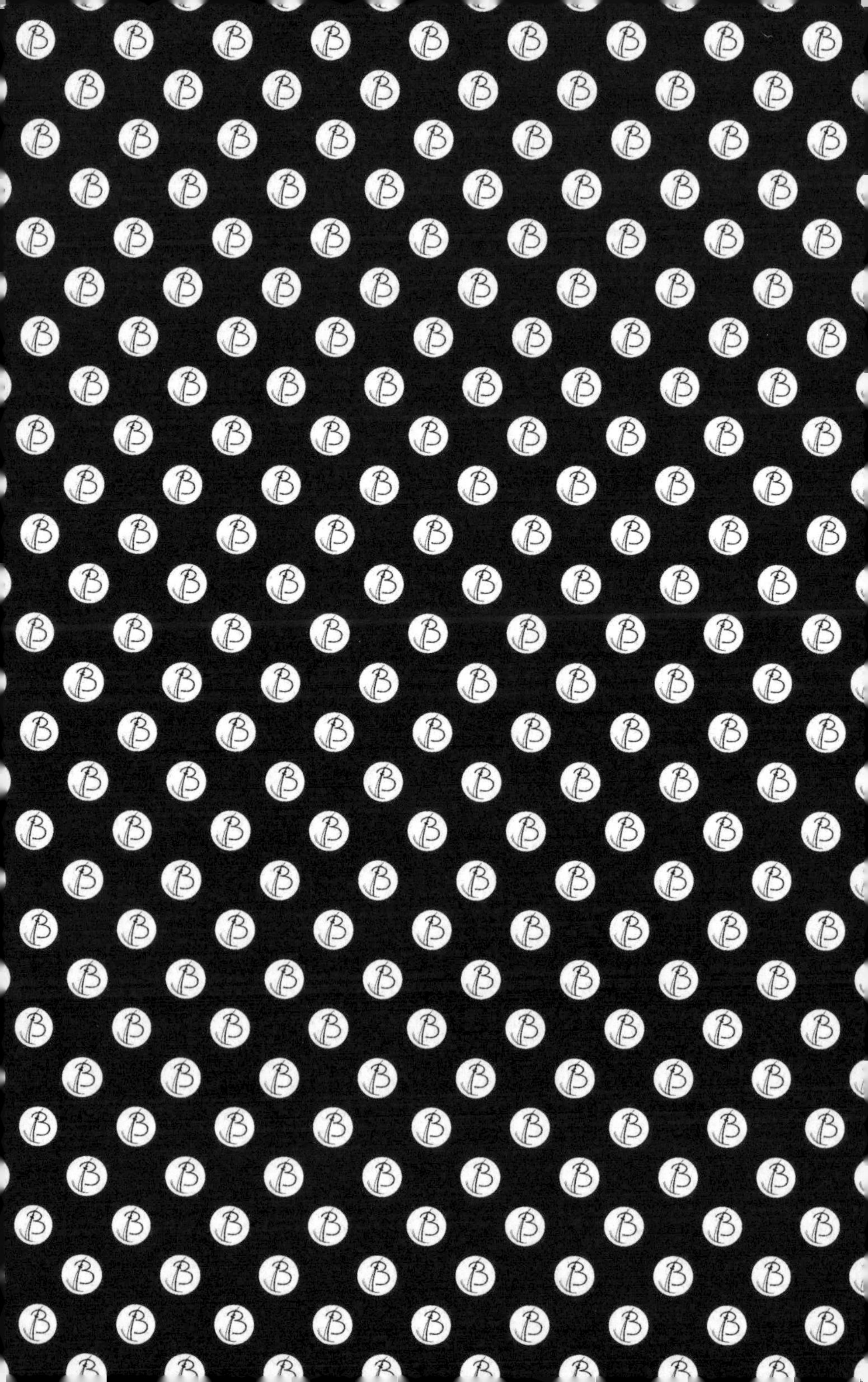